大数据时代
高校管理模式的改革与发展

尹维军◎著

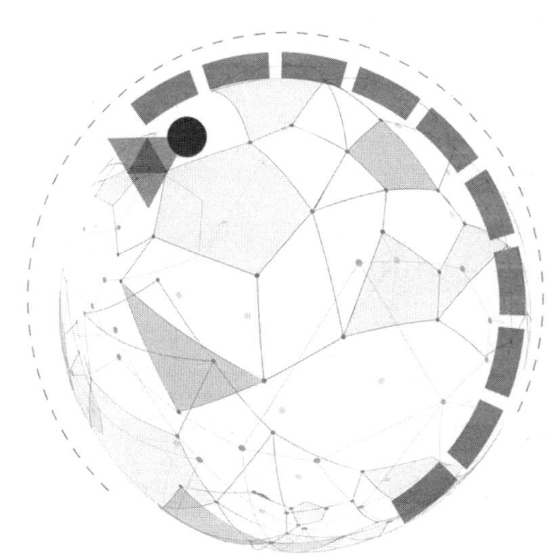

中国原子能出版社
China Atomic Energy Press

图书在版编目(CIP)数据

大数据时代高校管理模式的改革与发展 / 尹维军著
. -- 北京 : 中国原子能出版社, 2021.1（2023.1重印）
ISBN 978-7-5221-1183-4

Ⅰ. ①大… Ⅱ. ①尹… Ⅲ. ①高等学校—教育管理—
研究 Ⅳ. ①G640

中国版本图书馆CIP数据核字(2021)第020305号

大数据时代高校管理模式的改革与发展

出　　版	中国原子能出版社（北京市海淀区阜成路43号 100048）
责任编辑	蒋焱兰（邮箱：ylj44@126.com　QQ：419148731）
特约编辑	李　宏　张　芳
责任印制	赵　明
印　　刷	河北宝昌佳彩印刷有限公司
经　　销	全国新华书店
开　　本	787mm × 1092mm　1/16
印　　张	14.25
字　　数	200千字
版　　次	2021年1月第1版　　2023年1月第2次印刷
书　　号	ISBN 978-7-5221-1183-4
定　　价	80.00元

出版社网址：http://www.aep.com.cn　E-mail：atomep123@126.com
发行电话：010-68452845

前言

当前，以大数据为核心的第四次技术革命正以前所未有的态势变革着人们的生活、工作、学习等各个方面，拉开了对人类社会生活深度影响的大幕。在大数据背景下，人们的各种社会现象和社会行为都可以被“数据化”，这些被数据化了的现象及行为能够依托大数据技术被采集、存储、分析和利用，大大超越了传统的信息获取和解读能力，为更为精准地了解需求、把握动态、提供服务、预测发展等提供了强大支撑。

大数据的出现从一定程度上改变了人们之前对于互联网的认知，并且给我国高校的管理阶层带来了新的建设方向，使得在信息化时代老师和学生都能够轻易地从网上获取大量有用的数据，并且通过对其的分析来找到事物之间的联系，这对于高校个性化的管理以及以人为本的教育理念是十分有益的。

现如今，互联网使社会的发展得到加速，人们的生活和工作教育也添加了大数据互联网的因素。高校教育是以给社会培养高素质的人才为目标，可是却没能进行管理具体的有效的相关的数据，所以高校管理就不能得到科学的细致的管理。但现在大数据时代的盛行，高效管理者就通过互联网技术，及时地有效地找到高校信息数据，然后创新高校管理，使高校管理得到进一步发展。

高等院校有关教育管理方面的处理直接影响着一个社会的发展。大数据进入到生活的各个领域，信息数据于人们而言有了新的认识趋向，信息数据不再只是一个简单的数据，而且表现各种事物情况的一种途径。

在大数据时代的影响下，高校的管理工作会受到影响，高校教育的管理模式也会变革。所以各高校应该清楚的认识大数据，根据高校的实际情况发展和运用大数据。因为创新了高校的教育管理模式，高校的管理才会变得更有效率，这也会使人才的培养政策得到进一步的发展，使社会在大数据的支撑下发展得更快。

本书充分考虑在当前复杂的世界经济政治条件下，提出要充分发挥大数据在高校管理模式改革创新中的价值，就要继续深化对大数据的理论认知，以及大数据背景下高校管理模式改革与发展的必要性、可行性、紧迫性及创新策略等方面的研究。

目 录

第一章 大数据时代的高校管理

第一节 大数据概述

一、大数据的概念

（一）大数据的定义

大数据这个概念是由最先经历信息爆炸的学科，如天文学和基因学创造出来的。如今这个概念已经应用到了几乎所有人类致力于发展的领域中。

大数据并非一个确切的概念。最初，这个概念是指需要处理的信息量过大，已经超出了一般电脑在处理数据时所能使用的内存量，因此工程师们必须改进处理数据的工具。大数据这个术语最早应用于apache org的开源项目Nutch，用来表达批量处理或分析网络搜索索引产生的大量数据集。

谷歌公开发布Map Reduce和Google File System（GFS）之后，大数据不仅包含数据的体量，而且强调数据的处理速度。在数据分析领域，大数据是前沿技术，大数据以及数据仓库、数据分析、数据安全、数据挖掘是IT行业时下最火爆的词汇，大数据的商业价值已经成为信息行业争相追逐的焦点。大数据包括各种互联网信息，更包括各种交通工具、生产设备、工业器材上的传感器，随时随地进行测量，不间断传递着海量的信息数据。利用新处理模式，大数据具有更强的决策力和洞察力，能够优化流程，实现高增长率，处理海量的多样化信息资产。归根结底,大数据技术可以快速处理不同种类的数据,从中获得有价值的信息,并快速处理。只有快速才能发挥实际作用。

随着网络、传感器和服务器等硬件设施全面发展,大数据技术促使众多企业融合自身需求,创造出难以想象的经济效益,实现巨大的社会价值和商业价值。

各行各业利用大数据产生极大增值和效益,表现出前所未有的社会能力,而绝不只是数据本身。所以,大数据可以定义为在合理时间内采集、处理大规模资料,帮助使用者更有效决策的社会过程。

在今天,大数据被认为是一种人们在大规模数据的基础上可以做到的事情。大数据是人们获得新的认知、创造新的价值的源泉,大数据还会改变各种关系服务。

(二)大数据的本质

回顾人类认识史可以发现,对信息的认识史就是人类的认识进步史与实践发展史。人类历史上经历过四次信息革命。第一次是创造语言。语言表明人类要求表达、认识世界并开始作用于世界。通过语言产生思维,将事物的信息抽象表达为声音这个即时载体,但语言的限制和缺点是无法突破个体的时空。第二次是创造文字以及随之而来的造纸与印刷的技术,实现了人类远距离和跨时空的思想传递。人类因此扩大联合,文字虽然突破了时间空间上的限制,但需要耗费太高的交流成本和传播成本。第三次是发明电信通信——电报、广播、电视,实现了文字、声音和图像信息的远距离即时传递,为电子计算机与互联网创造奠定了基础。

第四次是电子计算机与互联网的创造,是一次空前的伟大综合。现代通信技术和电子计算机的有效结合,使信息的传递速度和处理速度得到了巨大的提高。人类掌握信息、利用信息的能力达到了空前的高度,人类社会进入了信息社会。在一定意义上,人类文明史是一部信息技术的发展进化历史[①]。

①戴丽君. 民办高校管理实践及发展路径探索[M]. 昆明:云南人民出版社,2020.

(三)大数据的分类

1.依据来源不同分类

大数据依据来源不同一般分为四类:科研数据、互联网数据、感知数据和企业数据。

(1)科研数据

科研数据在大数据时代前很久就存在,可能来自生物工程、天文望远镜或粒子对撞机,不一而足。这些数据存在于封闭系统中,使用者都是传统上做高性能计算(HPC)的企业,很多大数据技术脱胎于HPC。

科研数据存在于具有极高计算速度且性能优越的机器的研究机构,包括生物工程研究以及粒子对撞机或天文望远镜,例如位于欧洲的国际核子研究中心装备的大型强子对撞机,在其满负荷的工作状态下每秒就可以产生PB级的数据。

(2)互联网数据

互联网大数据是时代的主流,尤其社交媒体是近年来大数据的主要来源,几乎所有的大数据技术都源于快速发展的国际互联网企业。

大型互联网企业的大数据生态系统比较独特,一方面不同程度上参与开源;另一方面维护自给自足的生态系统,甚至连硬件都越来越依靠自己了。从谷歌开始,后有Facebook的Open Compute Project,国内则有TAB主导的天蝎计划。大型互联网公司不只是自身产生大体量数据,它还有平台级的带动作用,如Facebook之于Zynga,阿里牵头做的数据交换平台。中型互联网公司,基本上也能够维持大数据技术团队,只不过与大型互联网公司的核心开发能力和社区贡献能力相比,它们更多部重兵在外围开发、优化和运维。当然,它们多少会有一些绝招,如豆瓣的推荐、暴风的Hadoop管理。三线互联网公司有数据但没有大数据能力,这催生了一些大数据技术和服务的机会,如百分点为电商网站做个性化推荐和营销分析等。

(3)感知数据

进入移动互联网时代后,移动平台的感知功能和LBS的普及,基于位置的服务和移动平台的感知功能，感知数据逐渐与互联网数据越来越重叠，但感知数据的体量同样惊人，并且总量或许可能不亚于社交媒体。

(4)企业数据

企业数据种类繁杂，企业数据和感知数据本质上也并不是MECE(不重复、不遗漏)的划分。企业同样可以通过物联网收集大量的感知数据，增长极其迅猛。之所以把它们分为两类，是传统上认为企业数据是人产生的；感知数据是物、传感器、标识等机器产生的。企业外部数据则日益吸纳社交媒体数据，内部数据不仅有结构化数据，更多是越来越多的非结构化数据。由早期电子邮件和文档文本等扩展到社交媒体与感知数据，包括多种多样的音频、视频、图片、模拟信号等。

可以把企业数据和感知数据放在一起讲，是因为它们都涉及传统产业，从经济总量上要比互联网产业大很多，而且传统产业自身的大数据能力有限，所以这是大数据技术和服务企业的主要目标市场。但目前的现实是，就单个企业而言，具有大数据需求的并不多见。通过数据采集和分析来提升制造业的效率，会是个很大的市场，这是工业物联网，但未必是大数据。

互联网上的大数据不容易分类，百度把数据分为用户搜索产生的需求数据以及通过公共网络获取的数据；阿里巴巴则根据其商业价值分为交易数据、社交数据、信用数据和移动数据；腾讯善于挖掘用户关系数据，并且在此基础上生成社交数据。通过数据进行分析人们的许多想法和行为，从中发现政治治理、文化活动、社会行为、商业发展、身体健康等各个领域的各种信息，进而可以预测未来。

互联网大数据可以分为互联网金融数据、用户消费产生的行为、地理位置以及社交等大量数据。

2.依据使用主体分类

从社会宏观角度，根据其使用主体可分为三类：政府的大数据、企业的大数据、个人的大数据。

(1)政府的大数据

各级政府各个机构拥有海量的原始数据，构成社会发展与运行的基础，包括形形色色的环保、气象、电力等生活数据；道路交通、自来水、住房等公共数据；安全、海关、旅游等管理数据；教育、医疗、信用及金融等服务数据。在具体的政府单一部门里面无数数据固化而没有产生任何价值。如果关联这些数据流动起来、综合分析和有效管理，这些数据将产生巨大的社会价值和经济效益。

现代城市依托网络智能走向智慧，无论智能电网与智慧医疗，还是智能交通和智慧环保都离不开大数据的支撑，大数据是智慧城市的核心资本。建设智慧城市，大数据可以在各个方面提供各种决策与智力支持。政府作为国家的管理者，应该将数据逐步开放，供更多有能力的机构组织或个人来分析并加以利用，以造福人类。

（2）企业的大数据

企业离不开数据支持、有效决策。只有通过数据才能快速发展、实现利润、维护客户、传递价值、支撑规模、增加影响、撬动杠杆、带来差异、服务买家、提高质量、节省成本、扩大吸引力、打败对手、开拓市场。企业需要大数据的帮助，才能对快速膨胀的消费者群体提供差异化的产品或服务，实现精准营销。网络企业更应该依靠大数据实现服务升级与方向转型，而传统企业面临无处不在的互联网压力，同样必须谋求变革，实现融合，不断前进。

随着信息技术的发展，数据成为企业的核心资产和基本要素，数据变成产业进而成长为供应链模式，慢慢连接为贯通的数据供应链。互联网时代，互相自由连通的外部数据的重要性逐渐超过单一的内部数据，企业个体的内部数据更是难以和整个互联网数据相提并论。综合提供数据，推动数据应用、整合数据加工的新型公司明显具有竞争优势。

大数据时代产生影响巨大的互联网企业，而传统IT公司随着网络社会的到来开始进入互联网领域，需要云计算与大数据技术改善产品、提升平台、实现升级，这两类公司互相借鉴、相互合作、彼此竞争。

（3）个人的大数据

每个人都能通过互联网建立属于自己的信息中心，积累、记录、采集、储存个人的一切大数据信息。根据相关法律规定，经过本人亲自授权，所有个人相关信息将转化为有价值的数据，被第三方采集及快速处理，获得个性化的数据服务。

各种可穿戴设备，包括植入的各种芯片都可以通过感知技术获得，包括但不限于体温、心率、视力等各类身体数据以及社会关系、地理位置、购物活动等各类社会数据。个人可以选择将身体数据授权提供给医疗服务机构，以便监测出当前的身体状况，制订私人健康计划；还能把个人金融数据授权给专业的金融理财机构，以便制订相应的理财规划并预测收益。国家有关部门还会在法律允许的范围内，经过严格程序，实时监控公共安全，预防犯罪。

个人的大数据严格受法律保护，第三方机构必须按法律规定授权使用，数据必须接受公开、透明、全面监管；采集个人数据应该明确按照国家立法要求，由用户自己决定采集的内容与范围；数据只能由用户明确授权才能处理。

二、大数据的特征

（一）体量巨大，种类繁多

互联网搜索技术的进步、电商平台的全面覆盖以及社交平台的快速兴起，促进了多元化数据的产生，而且这些数据在未来甚至会呈指数增长。互联网、存储等计算机科学领域正在迅猛进步，人们从多元化领域获得的数据资料成倍增加，搜集海量数据的根源是网络数据能够同步实时收集，医疗领域的数据资料与科研领域的研究数据都会成倍增加。占数据总量比重高达85%以上的非结构数据的增速远远高于结构化数据。就网络企业等相关投资者而言，这样的数据预测能够有效提升自信心。

美国的麦肯锡咨询公司对大数据进行了定义，指出大数据是传统数据库以及软硬件无法收集、储存和分析的巨大数据集。随着数据种类不断增多，如视频、图片等信息增速的扩大，挖掘多元形式数据流间的关系成了大数据最为显著的优势。

(二)开放公开,容易获得

人们之所以重视收集大数据,主要的目的是要开展数据分析。大数据并非只是在政府、企业等组织机构当中存在,还存在于社会生产、生活之中,具备自动性的特征。如,电信企业累积客户的电话记录;电商网站整合消费者信息;企业通过对大数据进行充分地分析与挖掘,能够全面提高企业的综合实力、优化企业运营、提升企业决策准确度、推动商业智能的长效发展,为企业经济效益最大化目标的实现创造良好条件。在一定规则开放性的背景之下,借助应用程序接口与爬虫采集等技术手段,大量企业组织与政府部门能够为社会各界以及科研等机构提供海量数据资源。开放公开容易获取的数据源,是大数据时代的基本特点,因此对整个社会产生巨大影响。

(三)重视社会预测

从本质上进行分析预测,是大数据特点的体现。在大数据背景下,预见行业未来前景的能力,成了企业不懈追求的目标。美国Netflix公司推出《纸牌屋》,通过收集3000万用户播放动作,研究用户几百万次评级和搜索,评估受众面对差异化节目给出的不同观点,从多个角度掌握观众在节目欣赏方面的实际习惯,利用对海量数据的挖掘与分析,获知人们的兴趣爱好和节目偏好信息。这个公司采集用户的多元化具体数据资料,为视频行业的制作方法改革创造了良好条件,使得视频行业开始运用算法与逻辑分析的方式替代以往的生产方式。对大数据手段的应用能够预先分析受众情况,了解他们青睐的节目类型。人们越来越重视大数据在预知社会多元问题方面的作用,同时也开始将其广泛推广应用到社会科学领域。

(四)重视发现而非实证

实证研究特别关注构建理论假设,设定范围,并进行随机抽样,展开数据的定量调查与收集,从而证伪或证实理论假设。连续线性决策需要缜密的逻辑思维。

大数据把关注点放在了数据方面,强调对数据的运用、创造知识、预测未来、挖掘本质、发现机遇。要实现对未来前景的预测,主要借助自下而上数据收集处理的方法，而不是依靠以理论假设为根基发现知识、预知未来、探寻规律。例如，沃尔玛超市利用大数据技术对大量交易数据资料进行分析，获得的一个重要结论：假如是周末，男人在购买婴儿尿布的同时，通常会顺便购买啤酒。利用大数据获得的结果，通常情况下是极具实用价值的，这也是很多超市在货物安排和摆放当中通常会遵循的规律。除此以外，大数据理论更能够从整体上进行数据的分析和把握，所以获得的分析结论价值极大，可以用于做出相关决策和获知规律的重要根据。

（五）非结构化数据的涌现

数据挖掘关注的是未知有效信息与实用性强的知识，更多的属于非结构化数据，这是大数据时代非常突出的一个特点。如今90%甚至以上的数据均属于非结构化数据。社交媒体会随时产生无数数据文本，造成大量具有价值的数据资料被隐藏在了信息海洋当中。大数据技术从海量文本资料当中挖掘信息，获知人们的态度与行为的相关信息，呼应舆情监测的社会需要与企业商机。在对大量非结构化数据进行收集处理和分析时，社会出现了大量新需要，技术领域产生了极大的变革，同时也让很多非关系型数据库得到发展，大量计算机新技术持续不断地产生。大数据涵盖数据挖掘、网络挖掘、文本挖掘、IT和商业智能信息技术、决策支持系统及其在社会科学领域的应用。

第二节　高校管理概述

高等教育是一个多结构、多层次、多序列、多因素的组织系统。以一所高等学校来说也是如此。它由若干职能部门、系（科）等各级的管理机构，教学、科研、政工、后勤等各个方面的工作，教学（科研）人员、思想政治工作人员、行政管理人员、后勤人员等各类人员所组成。要使这部“机器”正常运转，必须明确管理的目标，遵循管理的基本原则，建立管理的基本程序，健全管理的基本制度，提高管理的效能。

一、高校的管理目标

目标的明确度与学校管理工作的有效性是直接相关的,明确的目标是提高管理效能的前提,也是团结和鼓舞全体成员同心同德办好高校的动力。所以目标管理是高校管理工作的核心,一个学校的管理者,首要责任就在于正确的确定目标与科学的实施目标。

(一)目标管理的含义

现代科学管理理论把管理科学与行为科学有机地结合在一起。行为管理学家认为:所谓目标管理是解决、整合所有个人与组织的目标问题的方法。它把组织的目的、任务转化为目标,并积极创造条件,使个人的目标与组织的目标融为一体,即个人的目标应符合组织的目标,组织的目标应是个人目标的体现。管理者通过目标对所属的组织进行管理,即为目标管理。以高校为例,管理的任务首先是积极创造条件,采取有效的措施来激发高校全体工作人员的事业心,使每一个成员对高校工作的整体目标都有明确的认识和深刻的理解,促使每一个成员都能认识到自己从事这一工作的价值与责任。从而主动把学校的整体目标转化为自己的奋斗目标,共同为社会主义建设培养专业人才①。

(二)教育目标与管理目标

1.教育目标

学校是一个教育组织,办教育是一种有目的的活动,它的基本职能是培养人才。因此,在高校办学过程中,首要的问题就是要研究把学生培养成什么样的人的问题,也就是教育的目标问题。关于我国的教育目标,毛泽东同志早就指出:我们的教育方针,应该使受教育者在德育、智育、体育几方面都得到发展,成为有社会主义觉悟的、有文化的劳动者。1981年党的十一届六中全会通过的《关于建国以来党的若干历史问题的决议》又进一步提出:要加强和改善思想政治工作,用马克思主义世界观和共产主义道德教育人民和青年,坚持德智体全面发展、又红又专、知识分子与工人农民相结合、脑力劳动与体力劳动相结合的教育方针。这是我国各级各类学校统一的教育目标,它反映了我

①申清.高校后勤改革与管理探索[M].长春:吉林科学技术出版社,2020.

国社会主义历史时期教育的基本规律，反映了我国社会主义建设对人才培养的基本要求。

高等教育要遵照这个统一的教育目标的基本精神，结合高等教育的性质、任务和大学生生理、心理的特点，规定大学阶段的具体培养目标。

我国的《高等教育法》第四条明确规定："高等教育必须贯彻国家的教育方针，为社会主义现代化建设服务，与生产劳动相结合，使受教育者成为德、智、体等方面全面发展的社会主义事业的建设者和接班人。"第五条规定："高等教育的任务是培养具有创新精神和实践能力的高级专门人才，发展科学技术文化，促进社会主义现代化建设。"

高等学校学生的培养目标主要有以下四种：第一，具有爱国主义和国际主义精神，具有共产主义道德品质，热爱中国共产党，热爱社会主义，自觉自愿为社会主义事业服务，为人民服务。第二，通过马克思列宁主义、毛泽东思想和马克思主义中国化的最新理论成果的学习，参加一定生产劳动和实际工作的锻炼，逐步树立无产阶级的阶级观点、劳动观点、群众观点、辩证唯物主义观点。第三，掌握本专业所需要的基础理论、专业知识和实际技能，尽可能了解本专业范围内科学的新发展，培养分析问题、解决问题的能力，比较熟练地运用一种外国语阅读专业书刊。第四，具有健全的体魄。高等教育的基本任务是贯彻执行教育为无产阶级政治服务，教育与生产劳动相结合的方针，培养为社会主义建设需要的各种专门人才。重点高校要办成集教学、科研两个中心为一体的院校，做到既出人才又出成果。

2. 管理目标

高校的管理目标就是高校领导和管理人员在管理学校的过程中，通过一系列的管理职能，以有效地达成管人、管财、管物、管事、管时间、管信息等学校管理工作的目标，从而全面、完善地实现教育目标。高校从校部到基层，分工不同、目标一致，各有自身的具体目标，并由高校的总体目标与各个单位、各级组织的分解目标共同组成高校的目标管理系统。

如上所述，所谓目标，就是用来表示对管理对象所期望达到的要求或结果。在学校目标管理系统中教育目标与管理目标是紧密联系的，是相互依存、相互作用的两个侧面。教育目标是制定管理目标的重要依据，管理目标是实现教育目标的前提。

（三）目标的管理作用

目标思想实际上就是办学指导思想的反映，学校领导首先是教育思想的领导，而教育思想的领导集中体现在学校管理目标的制定和组织实施上。管理目标对各种基本管理活动内容的确定，方法的选择，结构、层次的组织，人员的选用等都起着主导作用。

管理目标的这种主导作用，具体表现在以下几个方面。

1. 目标的指向作用

管理活动，实际上是人为地实现预定目标所进行的一系列的有目的的职能活动。目标是为实现管理职能所树立的方向标。因此，它必然具有规定行动方向的指向作用。任何学校的一切管理活动和教育活动，它的发展轨道都是沿着一定的目标方向进行的，目标不明或目标错误，学校工作就会失去正确的方向，偏离正确的轨道，导致管理的失误。管理效能与目标方向、工作效率的关系：管理效能=目标方向×工作效率。

由上式说明，如果目标方向是正数（正确），则工作效率与管理效能成正比。目标正确，工作效率越高，则管理效能越好；与此相反，如果目标方向是负数（错误），则工作效率与管理效能成反比。偏离了正确目标，工作效率越高，管理效能越差。目标的重要性，显而易见。所以，作为学校的管理者，他的首要任务应该是正确地提出和规定学校总体目标，制定正确的具体工作目标。

2. 目标的推动作用

管理存在于追求自己目标的人的活动之中。目标管理的作用就在于使管理者与被管理者都能自己控制自己。这种自我控制可以转化为一种强烈的推动力，推动人们尽自己的最大努力去把工作做好。

目标管理的这种推动作用，主要表现在两个方面：对学校组织的成员来讲，一个明确而又具体，切实而又合乎需要的目标，可以起到鼓舞人心、激励精神的作用，可以激发人的动机，起到吸引和推动他们为实现目标而努力进行自己的工作的作用。

对学校管理者自身来说，目标具有提高管理工作自觉性的一种强大推动作用。学校管理活动是一个多侧面、多层次、多序列的工作活动，从根本的结构关系看，有政治思想、教学科研、总务后勤、群众团体等各个部门，它们之间既有联系，又有区别；从纵的层次关系来看，从学校到系、科、班组既有上下组织之间的关联性，又有各自的相对独立性；从管理活动来看，既有管理过程的连续性，又有其阶段性，既有学校内部管理的平衡性，又有与外部关系的适应性。因此，作为现代学校的一个领导管理人员，为了有效地进行管理工作，不仅要明确自身的工作目标，还要明确上下各个层次之间和左右各个部门之间的工作目标，以及学校内外各种因素及其相互作用的关系。学校管理系统的每一个成员（包括管理者和被管理者）只有透彻了解学校的整体目标，才能真正明白自身的管理任务及其地位和作用，才能时刻把自己的行动与这个目标联系在一起，从而自觉地去争取管理工作的最佳绩效，这就是管理目标的推动作用。

3. 目标的标准作用

制定学校工作目标是学校管理的起点，它使学校组织及其成员首先有一个明确的工作方向，再以目标来维护和协调学校组织中各个部门、各个成员的关系以组成统一的整体，推动大家为实现学校目标互相协作、相互监督，进行各自的工作活动；最后又以目标作为检验工作成效大小，衡量教育质量高低的一个重要标尺。制定工作目标的标准，指的是评价工作成效的一个衡量尺度。学校工作目标的标准，包括总体目标的标准和具体目标的标准。学校质量是指它的全面质量，学生的质量是学校质量高低的集中体现。学校办成什么样的预想目标，把大学生（研究生）培养成哪种预定规格的人才，这是高校工作的具体目标标准。我们学习研究管理学和具体管理好一所学校，首先要重视如何实行目标管理。

(四)高校管理目标的内容

1.制定管理目标的依据

管理过程的第一步是制定目标。它的依据有如下几个方面。

(1)党的方针政策和上级指示

党和国家的有关方针、政策,尤其是教育方针和政策以及上级领导对某一时期、某一工作的指令,是制定学校目标的主要依据。因此在制定工作目标时必须认真学习有关的方针、政策,认真研究和领会上级的指示精神。

(2)科学理论

所谓理论依据,实际上就是要求在科学理论和正确思想指导下制定目标。比如在制订学校发展规划时,要遵循教育与政治、经济关系的科学理论;在制定学校教育教学工作计划目标时,要遵循教育学、心理学等科学理论。

(3)目标的预测

未来情况的预测目标总是指向未来的,只有掌握了发展动向,才能使目标具有预见性,这就要求预测经济发展趋势对人才的需求,针对人口普查的青少年年龄分布特点等统计数据的分析结果,研究争取经济发展、党风、社会风气根本好转与学生成才的关系等,从而做出相应的目标决策,使目标建立在可靠的基础上。

(4)学校主客观条件

目标既要指向未来,又要立足于现实。制定目标要从学校主客观条件出发,这是唯物主义的目标观。因为体现组织方向的目标,绝不是领导管理人员主观意愿的自由表露,只有脚踏实地,面向未来的目标,才能体现它的指向、推动和标准的作用,具有可行性。因此,学校领导在制定目标时,要对学校的人力、物力、财力、学生来源、师资情况等进行认真的分析研究,既要看到有利条件,又要看到薄弱环节,发扬优势,扬长补短。

2.管理目标的内容

高校管理目标的内容因校、因时而异。在高校大体可分解为组织目标、人事目标、教育教学科研目标、总务目标、图书情报目标等,在这里就学校管理的总体目标、指导思想做一般分析。学校总体目标是指一所学校要办成什么样子的要求。

(1)明确社会主义的办学思想

我们办学是为社会主义建设培养有理想、有道德、有知识、身体好的人才,所以德智体全面发展的方针是我们办学思想的核心。年青一代的精神面貌、文化素养、智力水平、健康状况和劳动能力等,是一个直接关系到社会前途、国家命运和民族兴衰的大问题。面向全体学生,实现全面发展,注重全面要求,是办学的基本指导思想,是学校总体目标的准绳。

(2)形成整合一致的目标

学校管理者不仅要使自己的管理目标与党和国家的要求一致,还要善于使学校的工作目标与学校成员的个人目标整合一致。在实现学校工作目标的过程中,同时满足学校成员理想和才能的发展。目标整合一致,能使成员之间产生一种互相关心、支持、认同的心理力量,即平时所说的"心往一处想,劲往一处使",营造积极的工作气氛和协调一致的组织集体,齐心合力办好学校。

(3)建立精干、合理、有效的学校管理指挥系统

有了目标的整合一致,还要有一个精干、合理、有效的学校管理指挥系统,指挥大家按各自的管理职能的特性形成自身的执行目标,有效地进行各项工作和活动。一所高等学校就管理活动的大体分工来讲,党委、校(院)长属于高校领导层级,其职能活动主要偏重于计划决策方面,如方针的确定、任务的提出、人员的安排等。他们的职责就像领航员或船长一样,在茫茫的大海之中,要把握前进的航向,做出判断,避开险礁,引向航行的目的地。学校的部、处长和系主任,属于中间管理层级人员,其工作任务变量稍小,管理范围较为明确具体。他们的工作像船长的助手一样,在各自负责的部门和系(科)里,及时计划、指导,进行经常性的检查、调节,组织人员同心协力到达彼岸。教研室(研究室)属于执行层级,教职员工属于基础管理层级,工作任务

变量更小，管理范围更为具体。他们虽然也有计划、组织、协调、检查等职能活动，但一般仅限于局部的范围，主要是竭尽全力完成自己分担的工作任务。一个精干、合理、有效的管理指挥系统，在层次职责上要分明、各谋其政、各司其职、各管理层都能带动所属成员为实现整合一致的目标而进行有效的工作。

(4)建设一支高水平的学校工作队伍领导能力再强，水平再高，也不可能包办学校的所有工作，学校的工作要靠全体工作人员的聪明才智和积极努力，所以队伍建设是学校总体目标的重要组成部分。高校工作队伍包括以教师为主体的教职员工，高校教师队伍的建设尤为重要，要把这支队伍建设好，领导要做到政治上一视同仁、工作上信任依靠、生活上关心照顾，能正确处理任用和培养的关系。

二、高校管理的基本原则

根据我国高等学校管理的实际，必须遵循以下基本原则。

(一)方向性原则

管理是一种有目的的活动，必须要有方向性，我国高等学校是社会主义性质的，社会主义方向是高校管理的基本准则。高等教育必须培养社会主义建设所需要的各种专门人才，取得高水平的科研成果，为实现我们党在新时期的总任务而奋斗。

教育必须同生产劳动相结合，是马克思列宁主义的一个重要的教育理论。马克思认为教育与生产劳动相结合，不仅是提高社会生产的方法，而且是创造全面发展的人的方法。

教育与生产劳动相结合，就目的来说旨在培养全面发展的人，这是指高等教育培养的人才既能从事体力劳动，又能从事脑力劳动；从教育内容来说，要反映科学技术发展的新成果，为进一步解放和发展社会主义的生产力服务；从教育方法来说，应该强调理论联系实际的教风与学风，坚持学生以学习科学知识为主，也要适当地组织学生参加一定的生产劳动；从学校管理来说，应该以教学为主，全面安排，不能以劳代教，或以教“废”劳。

加强和改善党的领导是贯彻学校管理方向性原则的保证。党的领导主要是路线、方针、政策的领导，做好思想政治工作，发挥各级党组织、党员和群众组织的作用，支持行政领导工作，充分调动大家的积极性，共同办好学校。

（二）整体性原则

按照现代管理学观点，国家是一个大系统，教育系统是隶属于国家的子系统，一所高等学校是隶属于教育系统的子系统，学校里各部门、系科是隶属于学校系统的子系统。系统是有组织、有层次的，各组成部分都是为了一个共同目标而形成有机的整体。

一所大学是一个统一的整体，完整的系统。校内部门、系科又形成许多子系统，诸如政工系统、教学系统、科研系统、后勤系统等。根据管理的整体性原则，要求学校各个层次的子系统的组织和成员都要明确学校总的目标，树立全局观点，以唯物辩证法为指导，正确处理各种关系，上下一致、分工合作达成高效率的系统管理。

为此，要根据毛泽东同志关于“矛盾论”的思想，一方面要用全力抓住主要矛盾，同时又要注意协调和平衡各方面的矛盾关系，弹好“钢琴”。领导要能高瞻远瞩、运筹帷幄，全体工作人员要能“立足本职，胸怀全局”，使高校管理这局棋走活，做到纲举目张，井然有序。按照高校管理的整体性原则，根据高校的教育任务，在处理、协调各方面关系时，必须体现以教学为主。重点高校还要实现建设教学、科研两个中心的任务，这是学校工作的中心和着重点。其余工作必须为教学和科研服务，做到既出人才、又出成果，这是办好高校，为社会主义建设服务，为两个文明建设服务的需要，也就是全局和整体的需要。

（三）计划性原则

所谓计划，就是对未来工作的决策。计划是尺度、准则、灯塔、路标。所以计划具有指向作用、指导作用和指挥作用，可以防止盲目性、片面性、随意性。高校的一切工作包括学校的组织、人员的安排、质量的标准等都是通过计划的形式做出全面部署的。计划管理是高等学校管理的中心环节，学校的一切工作都要在统一的计划指导下进行。

制定学校工作计划的意义在于为整个学校规定明确的任务，使全体师生、员工看到学校工作“蓝图”的全貌、远景以及要求、部署和方法，使大家沿着学校计划指出的方向，在计划的统一指挥和具体指导下前进，使学校每个成员都能明确自己的任务和各方面的相互关系，可以有预见性地正确安排自己的工作和学习，并提高自己的责任感和自觉性，使全校工作有节奏地运转，以取得成效。

学校工作计划是检查、总结和提高工作质量的依据。高等学校要做到合理安排全校的工作，使之有条不紊地开展，一个很重要的条件就是要切合实际，制定周密思考的计划。实践证明，没有计划，就谈不上管理。缺乏科学性、指导性、可行性的计划，也不可能使学校管理工作取得预期的成效。

高校管理工作的计划性，主要是指按照党的教育方针、政策和上级指示。根据教育、教学和管理的规律，结合校情，明确奋斗目标，提出具体任务，确定完成任务的具体措施，用计划的形式统一学校各个方面和各类人员的工作，以达到高效率、高质量地完成学校工作任务的目的。学校的总计划是全校师生员工的行动纲领，统率各部门、各系科和各人的计划，使全校工作上下配合，浑然一体。

（四）教育性原则

学校是专门的教育机构。它的管理与其他系统不同，它不仅要通过管理完成一般的工作任务，而且要十分注意学校管理的教育性。学校管理的过程，也是对学生进行教育的过程。管理的教育性，第一，要求领导干部和教职员工的思想言行必须具有示范性，学校领导和教职员工都应当有高尚的品德和崇高的精神境界，必须以身作则、作风正派、举止端庄、衣冠整洁、谈吐文明，成为学生的师表。第二，管理的教育性要求各项工作典范化，做到科学严谨、认真负责、一丝不苟、高标准、严要求、高质量、高效率地完成任务，有助于形成良好的校风。第三，管理的教育性还要求学校环境设施规范化。整洁优美的校园，有助于陶冶学生高尚情操，培养革命的乐观主义精神和热爱生活的优良品质。高校一般规模大，建筑设施多，在学校建筑布局和校园环境设施方面，要注意经济、实用、美观，达到总体布局合理，各项设施规范，使教学区、生活区、运动区、绿化区构成一个协调而统一的整体。美观、大方、宁静、整洁的校园，动静自如、错落有致的校内建筑，能使学生身在学校犹如在祖国广阔的天地里，精神开阔而舒展，受到良好的教育和熏陶。

（五）民主性原则

我们是社会主义国家，人民是国家的主人。师生员工参与高校管理是他们的根本权利，他们是管理的对象，也是管理的主体。学校重大问题应通过师生员工会议（或代表会议）、座谈会和各个组织系统的活动进行讨论，充分发扬民主，广泛听取意见，做到集思广益。

根据管理心理学的“参与”和“认同”的原则，教职员工以不同形式参与学校管理，参与影响集体工作的发展与改革，对于组织的巩固，工作的推进，士气的提高，心理气氛的改善，都有很大的作用。教职员工参与制定目标、决定问题时可以把个人目标与集体目标统一起来；教职员工参与决定问题可以产生自主感，增强动机，减少矛盾，促进人际关系和谐，产生向心力。教职员工参与讨论研究问题，可以增强对决定的认同，而认同则是统一行动的真正心理基础，能产生实际的责任感和任务感。

教师是学校工作的主力军，依靠教师办学是学校管理工作的重要规律。学校的培养目标、教学计划、教学大纲等主要是在校党委统一领导下，在各部门的积极配合下，通过教师的教学实践去实施的。在学校教育和教学的全过程中，教师都起着主导作用，领导要全心全意依靠教师办学，高校的重大问题要和教师商议，虚心向他们请教。对教学上的问题，更要尊重教师的意见，发扬教学民主，提倡探索创新。要认真贯彻党的知识分子政策，政治上做到一视同仁，工作上做到信任依靠，生活上给予关心照顾，充分发挥老年教师的指导作用，中年教师的骨干作用，青年教师的攻坚作用。

（六）科学性原则

科学管理学校，就是要按照高校管理的客观规律办事。任何领域都有自身的规律，学校也不例外。借鉴现代科学管理理论成果，总结高校管理经验，研究与建立高校管理理论，实行科学管理，是非常必要的。

第三节 大数据时代高校管理的SWOT分析

一、大数据给高校管理带来的积极影响

大数据给高校数据采集、治理模式、教育教学、资源调控、考核评估、智慧科研及智慧管理等方面带来革命性的力量。

（一）数据采集——关注过程、关注微观

局限于技术、人力和物力，传统高校数据采集主要以管理类、结构化和结果性的数据为重点，关注教育整体发展情况，这种反馈机制在一定程度上对于高校教育决策、规章制度的制订起到了积极的作用。但是，对于学生、教师、科研的实时掌握情况却远远不够，对于不好的结果也不能提前预测和预防，而多是事后补救型，从而使高校管理处于被动局面。随着大数据技术强力渗透到各行各业，高校教育数据的采集将面临新的变革。互联网、物联网和大数据技术支撑下的高校智慧校园，不仅在采集数据的数量上超越传统高校，而且在数据的质量及价值方面都具有传统高校数据所不可比拟的优势。

高校教育管理大数据具有非结构化、动态化、过程化及微观化的特点，处理程序更加复杂、深入和多元化。学生的学、教师的教，一切活动都处处有迹。数据流在数据分析师的头脑加工后产生源源不断的智慧流，从而促进高校教育管理更加科学化、人性化。高校大数据采集和管理宗旨：功能是必需，情感是刚需，以人为本。然而，由于高校管理对象及活动的复杂性，加上缺乏商业领域标准化业务流程，从而导致高校管理大数据的采集活动呈现复杂性的特点。

在高校管理大数据的分析中，要特别强调因果关系，虽然国际大

数据专家舍恩伯格认为更应重视相关关系，但是教育以培养人为根本目标，它不同于商业数据，无须追根求源，教育大数据不仅要“知其然”，更要知其“所以然”。通过技术分析和处理，挖掘高校管理大数据所体现的规律及揭示问题背后的根本原因，最终寻找破解之道、应对良策，从而更好地提升高校教与学的活动效果①。

（二）治理模式——民主治理、集思广益

就管理而言，将多种多样的大数据技术应用到决策环节已经成了改革和优化管理的重要举措，而人们已经在这一方面达成了共识。

在大数据时代，高校决策模式、治理模式都将面临转型。传统高校是“精英治理”，受限于校园信息化和智能化程度不高，学校各项事业发展方案、措施、策略等不能广泛传达至师生，民主意识较强的管理者顶多召开一个小范围的研讨会，或者以会议的形式传达，而这种正式会议过于严肃和拘谨，缺乏自由、轻松的氛围，不利于异质声音的表达，也就意味着不能将群众的真正声音传递到决策者耳中。而在以互联网、物联网、云计算、大数据及移动终端为技术支撑的智慧校园中，可以实现高校由“管理”向“治理”转变，更好地实现治理的民主化、科学化。

高校管理者与师生不受时空限制的互动交流，至少有四点优势：一是收集有利于学校发展、各项业务完善的群众智慧；二是传达学校发展战略、思路，形成上下合力；三是拉近干群距离，将各种矛盾化解在萌芽状态；四是决策处处留痕，实现阳光政务，防止权力“任性”，促进决策的规范化、科学化。

（三）教学优势——及时反馈、因材施教

利用大数据技术开展翻转课堂教学改革或在线教育是当前高校教育管理变革的重要内容。高校学生数量庞大，是运用信息技术的主要群体，也是高校教育管理大数据的重要生产者和使用者。可以根据学习平台上不同学生对各个知识点的不同用时、不同反应，来确定要重点强调的知识和决定不同的讲述方式。

①崔丽．高校财务管理改革与财务服务研究[M]．长春：吉林出版集团股份有限公司，2020.

大数据教学有两大优势：一是私人定制；二是大规模个性定制。私人定制即借助适应性学习软件，通过相关算法分析个人需求为每一位学生创建“个人播放列表”，且这种学习的内容是动态的。通过大数据分析，对提高学生个体学业成绩需要实施的行为做出预测，决定如何选择教材、采取什么样的教学风格和反馈机制等。大规模个性定制指根据学生差异对大规模学生进行分组，通过相同测验，有更多相似性的学生会被分在一组，相同组别的学生也会使用相同的教材。大规模个性定制教育的成本并不比批量教育成本高。

哈佛大学在线教育负责人认为，在线教育的浪潮是继印刷术发明之后，教育领域面临的最大变革。人类教育的形式由古代学徒制到近现代的学校制，再到在线教育的个性化，是螺旋上升，既解决了教育产品量的问题，又能很好解决教育产品质量的问题。大数据的教育潜力很大，运用前景广阔。以行为评价和学习诱导为特点的在线教育平台，仅是其影响高校教育的“冰山一角”。

（四）考核评估——动态评估、全面多维

“刻舟求剑、刮目相看、盲人摸象”，这些蕴含着中国智慧的成语告诉我们：要用运动的、全面的眼光评价事物。作为“科学”“先进”的社会群体符号代表的高校教育管理者，对于学校的办学水平及教与学的成效评估更要体现科学性和人文性。从数海中找到当前教育管理问题及其影响因素和根本原因，用易懂的数据关系诠释深刻的哲学道理，是大数据时代的重要特征。

大数据促进高校教育管理评估从注重经验向注重数据转变；从注重模糊宏观向注重精准微观转变；从注重结果向注重过程转变。高校教学活动是大数据评估最常用的领域，从广义上理解，高校大数据应是人类学、社会学、社会关系学背景下的大数据。高校内部大数据系统一定要与外部社会大数据系统建立起融合关系或者链接关系，这样才可能从知识、情感、能力、道德等全方位、多维度了解学生，制订人性化发展方案，实现以素质为中心的教育旨趣，才能更好培养符合社会需求的高水平专门人才。

第一，高校利用大数据技术，对人才培养、产业发展及社会信息等数据的采集要提前布局，要有连续的数据对其支撑，对每个地区的生源情况、就业情况，要有长期连续的动态数据，才能从数海中预测经济发展、社会人才需求、高等教育未来发展趋势等，及时调整学校发展战略，促进人才培养模式改革。第二，大数据技术可以实现考核评估的革命性改变。高校教育管理者利用回归分析、关联规则挖掘等方法帮助教师对学生学习状况、思想状况、社交状况等有全方位的掌握，关注学生成长的过程，实现评估的全方位和立体化，从而优化教育管理策略，提高教育管理效果。第三，利用大数据技术可以建立起教师科研、教学的预警机制，对教学质量监控、科研趋势等设置报警区域，达到设定的域值，系统会自动报警，提醒管理人员重点关注一些教师。基于大数据技术，创新高校教育教学评估体系，使之更加多元化、智能化、个性化，实现由传统基于分数的评价向基于大数据的评价转变，由传统的结果评价向过程评价转变。

(五)资源调控——优化组合、注重效能

推进高校资源大数据平台建设，有利于对有限的教育教学、实验室、寝室等资源进行重组、匹配和优化，从而使教育资源具有新的结构，产生新的功能，提高资源效能。在实践中，有很多高校投入巨资建设的实验室利用率并不高，而有的实验室却人满为患，学生急于寻找实验室而限于信息缺乏或者人为设置的障碍无法获得资源。

高校资源大数据平台的建设和投入使用，则能够在很大程度上破解这一难题。第一，大数据中心建设从理念上打破了所有教育教学、实验图书等硬件资源的固定归类，从学校整体层面进行调控。第二，依托物联网、通信、信息、控制、大数据、云计算技术对资源、能源进行科学调配和利用，从而实现管理的“模糊化”向“清晰化”、经验化向科学化转变。第三，通过大数据平台实现学生对学习、生活资源的方便、快捷获取。

(六)智慧学工——柔性管理、注重权变

大数据促进智慧学生工作，是大势所趋。

第一，高等教育转型和高等教育大众化发展，对高校学生工作管理人员提出了更多的挑战。高等教育大众化使得高校学生数量逐年增加，专职学生管理人员的增比远远不及学生规模的增比，学生工作的繁杂性和艰巨性大大增加。

第二，在信息技术浪潮的冲击之下，学生工作管理者传统的话语权正在被削弱，唯有顺应时代潮流，利用信息技术、大数据技术等优势，增强话语优势和管理服务效果。

第三，高校转型发展对学生工作提出更高的要求，高校教育管理目前正面临着"由粗放管理向精细管理"的转变。传统高校学生管理存在刚性有余、柔性不足的缺点，现代教育管理的发展趋势是柔性化，要求以学生为本，关注激发学生发展的内在驱动力、动力持久性和管理权变性。

在小数据的年代，高校欲实现柔性管理显得心有余而力不足，不能随时随地掌握学生的学习、科研、生活、社交等信息，通常历经千辛万苦得到的数据，最后因失去时效而没有意义。建立学生工作综合信息管理和决策平台，能够及时、全面获取学生工作大数据，快速发现问题，及时调整策略，主动实施有效措施，从而使工作更有弹性、彰显柔性。

利用大数据技术，可以多维度、全方位地为学生画像，用来分析学生的学业情况、预测挂科、排名突降，动态评估学生消费、精准资助，预测学生毕业去向，引导个性化、针对性就业。

（七）智慧科研——博采众长、继承超越

科技是推动历史的强劲动力，更是历史的杠杆，我们更可以将科学当作是最高层面的改革力量。在当前知识加速进化的时代，科学研究已来到"超大科学"的拐点。当科研遇到大数据，就诞生了学术界流行的新理论"科学研究第四范式"。高校是培育人才、科学研究的重要阵地，高校教师肩负促进知识创新和传播的使命。大数据科研资源平台为高校科技创新主体提供文献资源，数据的搜集、文献的查找、资源的获取，可以说是高校教师从事科研工作的重要基础。高校科研大数

据系统包括科研文献库和科研综合信息管理与决策平台两个部分。

第一,科研文献库大数据是高校科研的重要参考资源。科学的发展离不开交流和讨论,因为科学中存在错误和局限。海森堡曾说:“科学扎根于交流,起源于讨论。”波普尔认为:“一切科学知识都是猜测的、可错的,批判和批判的讨论是接近真理的重要手段。”讨论的基础是科学,拥有可错性的特征,科学处在持续不断的进步和发展过程当中,现如今我们当作正确的结果,在未来很有可能就变成是错误的结论。IT信息时代的科学交流除了传统的研讨会、学会等方式外,网上资源的利用、现代科研搜索软件的运用显得更加重要。科研文献库的建立是高校科研人员文献研究的基础,有利于高校教师对已有科研成果的继承和超越,更加体现“现代科研成果是站在巨人肩上的结果”。

一般而言,高校科研文献库越丰富,对科学研究的正影响越显著。高校科研文献库的建设形式有两种:购买文献资源和自建文献资源。购买文献资源,包括从知网、万方、维普、超星、读秀等数据库里购买的论文、著作、文集等;自建文献资源,包括高校特色数据库。这些资源对于学校师生的研究和提升有着极大的借鉴、启发以及指导价值。

第二,大数据使高校科研活动具有智慧性。高校教师可以利用智慧检索软件,对文献信息源进行学科分析与科研选题,或者跟踪科研进展与定制个性化服务,精准查找交流、评价专家及合作伙伴,保证研究活动顺利高效地开展。

第三,大数据提高科研效益。大数据技术使高校科研从过去探寻因果关联变成探寻相关关联,从而减少研究资源的浪费,节约研究的时间,提高研究的效率和成果的可靠性。科学研究就是寻找大自然物理现象背后为什么的工作,大数据技术使之更容易、更接近规律,且节约成本,包括经济成本、人力成本和时间成本。高校是科研的重要阵地,高校的科学研究也需要借助大数据技术进行数据驱动的决策。

第四,科研管理综合信息与决策平台有利于提高科研管理的科学性和效率性。利用内部、外部信息进行科研数据的分析,可以消除或减少重复立项、经费安排不合理、项目负责人不胜任等问题,从而促进公平竞争,促进科研资源的优化配置,提高科研资源使用效益。建立科研大数据平台,包括从外部主管部门科研系统中获得的科研项目的数量、类别与要求;从内部科研数据库中得到的人员、设备、经费、研究经历与研究条件等信息;从Web上获得的论文和专利的数量与质量等信息;从项目成果报表上得到的成果转让和奖励等信息。通过科研管理综合信息与决策平台将各类信息进行整合,对研究课题的科学性、创新性和外部文献库及申请者所涉及的各项因素进行综合分析,早在立项之前就全面排除不合理要素,消除可能会影响到客观结果的因素,最终确保科研项目评估方面的专家能够在制订决策时具备强有力的支撑。

二、大数据给高校管理带来的消极影响

大数据在给高校教育管理带来机遇的同时也产生了消极影响和挑战。

(一)隐私与自由平衡问题

隐私与自由的平衡问题似乎是一个悖论。隐私意味着不能绝对自由,自由意味着要牺牲一定程度的封闭和隐私,如何保持二者之间必要的张力,是一个考验高校管理者智慧的难题。

(二)数据垃圾处理问题

大数据不全是“金矿”,也有数据垃圾,金子的闪耀光芒价值自不必说,垃圾的危害也不能小觑,这体现了事物的两面性。正如太空探测技术一样,人类为了探测无垠的宇宙,向太空发射了卫星、宇宙飞船、核动力卫星等,这些遗弃在太空的物质和碎片,不仅具有碰撞新的航天设备的危险性,而且还具有大量放射性。

大数据时代,巨大的信息和碎片化的数据充斥着整个网络世界,随着智慧校园广泛在学习中的推进,大量的数据会让高校数据中心以及机房在存储处理方面承担过重的压力。

2014年美国国家消费者法律中心发布的“大数据征信对个人征信的大十问”调查报告,指出进入大数据征信公司的数据50%左右是错

误的、有问题的,是垃圾。既然进入源头存在垃圾,那么产出的很难是金子。假如决策是把垃圾数据作为基础得到的,极有可能会让这些垃圾数据出现传染,最终让工作蒙受巨大的损失。所以,在出现垃圾数据之后,我们就一定要在数据处理时,清洗过滤这些垃圾数据,确保决策是建立在有用和高价值数据基础之上的,这样就会提升数据有效性,让数据垃圾问题得到一定程度的解决。

目前,对于高校数据垃圾的处理技术、处理原则、处理经费、数据人才等方面都存在问题,特别是在大数据的价值挖掘没有充分利用的情况下,对于垃圾处理的支出显然过大,数据“金矿”至少目前并没有体现,反而呈现“得不偿失”的倒挂局面。尽管对高校教育管理大数据垃圾进行过滤和清洗任务艰巨,但是不能因噎废食而放弃对数据中心的建设和利用。

(三)数据标准问题

大数据的价值在于数据的共享,标准化是各类相对独立的、分散无序的数据资源通过融合、重组及聚合等方式形成一个较大的、有序的、可读的与高效的整体,使人们可以快速使用,这需要建立完善的数据标准体系。数据标准化是数据整合、共享、挖掘的前提和基础,是数据“金矿”实现的必要条件,而数据标准则是数据标准化的依据和标尺。

大数据标准体系包含的主要内容:大数据的通用技术标准、产品标准、行业应用标准、安全标准等。高校大数据同样的标准化处理,需要尽量减少混乱无序的数据、信息、资源,只有这样才能够尽可能地避免发生信息孤岛问题,让教育数据的可用价值和操作性更强,也进一步强化教育数据的通用性,让数据在实际应用当中显现出优越性。

(四)数据质量问题

“数据质量”主要指数据资源满足用户具体应用的程度。数据质量主要从完整性(Completeness)、规范性(Conformity)、一致性(Consistency)、准确性(Accuracy)、唯一性(Uniqueness)、关联性(Integration)几个角度综合评估,度量哪些数据丢失了或者不可用,哪些数据未按统一格式存储，哪些数据的值在信息含义上是冲突的，哪些数据是不正确的或超期的，哪些数据是重复的，哪些关联的数据缺失或未建立索引。

数据质量是依据数据科学决策的保障，依质量低下的数据做决策比没有数据的“拍脑袋”决策更可怕。根据Experian Data Quality的数据，88%企业收支会受不准确数据干扰，受到影响的营收比重占到12%。所以，要想从根本上提升高校大数据的质量水平，提升其利用价值，一定要抓好源头。数据从何处来，数据是否真实准确，应该把哪些数据作为根本基准？这些问题都需要解决。职能存在交叉关系的不同部门产生的数据假如有不一致问题出现，究竟哪个才更有权威？在时间纵轴上，性质相同的新旧数据存在很大的不同，那么应该把哪个数据当作是可靠数据？如果数据的一致性得不到解决，数据质量的提升也将无从谈起，更不用说数据共享了。

在这样的背景之下，高校在收集数据时，一定要制订缜密细致的计划，同时还必须完善数据标准化方案，不能一网打尽和良莠不分。

（五）数据安全问题

单独的数据似乎看不出什么价值，但是数据一旦发生关联，便会产生“1+1>2”的效果。大数据背后的秘密一旦被发现，将会对高校信息安全、学生隐私安全产生巨大的威胁。特别是很多师生学习、生活及工作数据也在网上，互联网和云服务能够实现对人从摇篮到坟墓的全部跟踪记录，这些在网上的教育行为记录一旦被整合，就会对个人隐私造成极大的侵害。高校教育数据被黑客入侵进而造成数据泄露的问题层出不穷。

因此，各级政府、教育主管部门及高校都必须高度重视数据安全问题，有关高校教育管理数据安全的法律法规的制定非常必要且紧迫，相关的数据安全技术意义重大。

（六）数据存储期限问题

高校教育数据存储从技术上来讲是可以无限期的，但是从伦理道德和管理成本的角度来讲，应有一个期限。设立一个期限，一方面可以克服“无法遗忘的过去”对学生一生学习、工作和生活的阴影笼罩；

另一方面也可以促进相关数据专家在有限的时间进行数据挖掘和分析利用。但是,这个数据存储期限设定受多种因素影响:一是对于数据价值大小的界定;二是数据分析难易度限制。首先是价值大小认定的问题。价值是客体的某种属性相对于主体需要的满足程度,主体对客体属性的需要越强烈,客体的价值越大,因此,价值是一个主观概念,具有相对性和可变性。高校教育管理大数据的价值认定究竟应以学校还是以学生为基点?究竟是以现在还是以未来为视角?这些问题都没有确定的、权威的答案。数据价值如何界定,这是一个难题。其次,数据分析难易度也是变化的。随着人类认识的发展、数据挖掘技术和工具的进步,数据挖掘的难易度具有变化性。究竟高校教育管理大数据要存储多久更合理呢?目前,我国教育部教育综合信息平台上的学生和教师基本数据是终身的,因其搜集的是基本信息,这也无可厚非。但是,对于高校而言,除了学生基本信息之外的特殊数据、临时数据等明显不具有终身制的必要性和合情性。

第二章 大数据时代高校学生管理模式的改革与发展

第一节 高校传统学生管理模式的分析

一、人格化管理模式

(一)人格化管理模式的基本定义

所谓人格化管理就是在管理过程中充分注意人性要素,以充分挖掘人的潜能为己任的管理模式。

人格化管理是一种“以人为本”的管理方法,就是从管理的指导思想到具体的管理原则和方法,都是从人出发,以人为核心的管理。它的实质在于充分尊重和理解被管理者的个性和创造才能,充分调动他们的主动性、积极性、创造性,并使其更好地投入工作中去,更有效地实现组织目的。至于其具体内容,可以包含很多要素,如对人的尊重,充分地激励,给人提供各种成长与发展机会。

同一所大学的学生通常有着一定的共性。很多大学的学生因其大学的底蕴等方面的不同,形成了不同的“学校人格化”。同一个班的学生也会有一定的共性,呈现出各个班级不同的风貌,形成不同的“班级人格化”。这种状况也出现在大学宿舍里,形成“宿舍人格化”。大学校园还存在其他很多方面的人格化,这些“人格”都是从心理学角度定义的,指的是这一类人的内涵。这一系列的人格化与大学生能否顺利步入社会,积极参与竞争,收获事业、生活有很大关系[①]。

①解方文. 高校教育创新及其管理体系的建设[M]. 北京:经济管理出版社,2020.

(二)人格化管理模式的重要意义

综合各国对于新时期人才的要求,我们可以发现,现代的人才需要更多的能力和素质,肩负了更多的使命。例如,要具有良好的社会责任感、要树立明确可行的生活目标、要具有学习能力和创新能力、要具有不断适应时代需求的能力等。上述一系列能力的培养都需要一种现代的、注重学生内涵培养的管理模式。人格化的管理模式注重对大学生内涵的培养,巩固、发扬已形成的良好的内涵,革除不好的甚至是劣质的品质,开创新的精神,这对于大学生的成长、对于大学文化的繁荣都有重要意义。

(三)"学校人格化"管理的具体实施

"学校人格化"的管理工作要从以下几个方面实施:强化规章制度的管理;确保良好的学习环境和学习氛围和形成良好的精神风貌。

"学校人格化"管理属于学生管理的高级层面,掌握着整体的动态,起着统筹、规划、指导的宏观作用。这类管理要从领导层面出发,在学校的基础设施、师资力量、学术建设等方面投入更多的人力、物力、财力。制订相关的工作计划,树立长远目标,要务实求真,不可急功近利只图表面功夫。

(四)班级、宿舍人格化的具体实施

班级、宿舍作为学校管理的基层单位,起着非常重要的基础作用。基层人格化要从以下三个方面努力。

1.教师、辅导员等教育工作者发挥人格魅力

对学生尤其是新生而言,教师、辅导员等教育工作者代表了权威,在他们心中形成了一种特殊的地位。学生对他们崇拜的教师、辅导员会特别地尊敬并存在模仿的现象。辅导员是"班级人格化"管理的组织者、策划者、调控者和实施者,教师则是管理最主要的辅助者,这两者在"班级人格化"管理中发挥着重要作用。因此辅导员要树立良好的工作态度、生活态度和办事作风,以便更好地感染学生;教师要有严谨的治学态度,感染学生树立良好的学习态度和工作态度。教师和辅导员要给学生树立榜样,促使"班级人格化"向良好的方向发展。

2.个别学生发挥人格力量

在一个班级中，总会有在领导方面有突出能力的学生，这些学生的人格力量影响着“班级人格化”。个别学生人格力量的发挥会引导、带动其他学生，对“班级人格化”起到调动作用。但个别学生的人格力量又有积极、消极之分，积极的人格力量会对班级和其他学生起积极作用；反之，会带来消极的影响。因此，学生人格力量的发挥需要辅导员的控制，辅导员要把握尺度，引导、鼓励积极人格力量的传播，化解消极人格带来的不良影响。

3.“宿舍人格化”管理要注重细节

辅导员要选那些热心、负责任、宽容大度、积极为同学办事的学生担任宿舍长，用他们的能力管理宿舍，用他们行动感染宿舍的其他学生；还要建立良好的宿舍环境，搞好宿舍卫生，形成和谐的舍友关系，创建多彩的宿舍文化等。“宿舍人格化”的形成为其他方面的人格化奠定基础，为学生的生活创造良好环境。

二、制度化管理模式

（一）高校的制度化管理及其局限性

第一，制度化管理是指以科学的规章制度对人们的行为进行管束的机制。它主要依靠外在的科学理性来进行管理。制度化管理是与机器生产时代一起产生的，在高校的制度化管理中，学校订立了严密的规章制度以约束学生的行为，让学生减少了思想行为的散漫性、无纪律性，从而营造了一种公开透明的环境，这可以保证课堂教学的有序进行。

第二，制度化管理是以教学为核心的，它倾向于把课堂的教学过程设计成一架精确的机器，在管理的过程中，只讲究理性和秩序，而很少考虑人的因素，因此它存在着很明显的局限性。第一，高校的制度化管理，是一种冷冰冰的建立在“外物”上面的管理体系，它没有人情味，它通过一整套的规章制度规定限制了学生的思想和行为，从而削弱了学生学习的主动积极性。第二，每个学生都是独一无二的个体，尤其是大学生们朝气蓬勃、个性明显，然而在制度化的管理中，制度的

"刚"性忽略了每个学生不同的个性需求,致使每个学生的个性得不到应有的尊重。原本管理就应该因时、因地、因人而采用比较灵活的方法,但如果采用制度化管理就很难做到这一点。

第三,制度化管理一定程度束缚了当代学生的思维,压抑了学生的创新精神。

(二)高校人性化管理的实质及弱点

人性化管理强调在高校的管理中把人这一要素放在第一位,学校一切的管理活动应该围绕着调动人的积极性、创造性展开。教师在教学授课的过程中应该尊重学生、爱护学生,让学生的潜能得到最大限度的发挥。

美国著名心理学家马斯洛认为人类有五种层次的需要,即生理需要、安全需要、社交需要、尊重需要和自我实现的需要,他认为作为一个文明人所追求的终极目标就是自身价值的实现。而人性化管理的理念也是基于此。但是,我国不少高校的管理者在管理过程中孤立片面地理解了这一概念,从而使学生变得缺少了制度的约束,这样就暴露了一些人性中固有的弱点,比如懒惰、自私、虚荣等。基于这种现象,本书认为应该把制度化管理和人性化管理有机结合起来,确保学生的健康成长。

(三)制度化管理和人性化管理结合,进行有效管理

制度是维系高校学生正常的生活学习的基本规范,理解制度化管理和人性化管理要注意两个方面:一是制度对所有学生都一视同仁,所有学生都要遵守学校的规章制度;二是在学校制度的严格要求下,对学生的基本权利有一定的保障作用,对学生的积极创造性也有激励作用,也就是说学生的权利要靠制度来作保障。

制度的两大功能就是建立在对人性优点和弱点的把握之上的。一方面,它保障了人性中优点的发扬;另一方面,它也约束着人性中弱点的泛滥。通常情况下,学生更在意制度的约束管教功能而忽略了制度的保障保护功能。这也不难理解,因为制度的硬性约束是以规章制度等表现在外面的,而约束人性的动物性、弱点等都是隐性的,不容易被察觉，这也是学生常常以为学校的制度化管理缺乏人情味的主要原因。

高校在制定学校的相关管理制度时，应该向全校教职员工争取意见，在制定制度的过程中，学校领导应呼吁广大教职员工积极参与，以确保制度制定后能代表着广大师生的意愿，更好地服务于教学活动。

针对我国现阶段学校管理中存在的制度执行力不行的现象，我们要拿起人性化管理这个武器。在管理过程中，管理者要做到以身作则，严格要求自己，其身正，不令则行；其身不正，虽令不从。人都是有感情的动物，学生看到了教师的高风亮节之后，自然会追随教师的脚步，也向美好的方向发展。

综上所述，制度化管理与人性化管理二者并不是互相对立的，二者是相辅相成的。制度化管理不能完全否定人性化管理，制度的建立也要以人性本质作为依据。并且，在高校管理实践中，制度化管理和人性化管理互相配合，更有利于为学生创造一个良好的外部环境。而21世纪，人才是最重要的生产力，只要把制度化管理和人性化管理高效和谐地统一起来，才能为我国的现代化建设培养出更优秀的人才。人性化管理的实质就是更高层次的制度化管理。只有在人性化管理原则的前提下，高校进行严格的制度化管理才能取得良好的效果。制度化和人性化在高校的管理过程中是一对既对立又统一的结合体，制度化有一定的刚性，而人性化有一定的柔性，在高校的管理时间上，应该刚柔并济，方能取得满意的成果。

三、温情化管理模式

（一）温情化管理的理念

学生管理工作者的管理理念对一个学生来讲是非常重要的。班主任要树立正确的班级管理理念，坚持以学生为本，在学生面前树立师者风范，但同时又和学生结交为朋友，拉近距离。在学生犯错的时候，不能一味地严厉，要给予适当的宽容，在学生取得成绩的时候要毫不吝啬地给予鼓励和表扬。让温情的味道贯穿整个班级管理工作之中，让学生从班主任身上首先看到温情。

（二）温情化的管理模式

温情化的管理模式要注重以下几个要素，即亲情化、友情化、温情化、随机化、制度化。

1.亲情化是幸福的渊源

大部分学生认为，家庭幸福是自己最大的幸福。家庭是亲情的所在，学生重视家庭，那么班主任在进行班级管理的时候，把家庭中的亲情融入管理之中，采用亲情化的管理模式。

对待班级的学生像对待家里人一样，不用一种外人的眼光看待学生的事情，而是用一种自己家里人的事情的态度去对待，让学生在班级中感受到家的温暖，感受到家人的亲情无处不在。同样，班主任也要引导学生树立班级是一个大家庭的概念，同学之间是兄弟姐妹，师生之间就像是父母之间，让亲情在整个班级中贯穿。

2.友情化是幸福的扩展

友情化管理模式。友情是一个人亲情之外的另一种非常重要的感情寄托，和学生结为朋友，增进距离，同时也引导学生树立正确的朋友观。在某些人眼中，师生之间的地位往往处于一个对立面，尤其是班主任和班级学生。

采取友情化管理模式的第一步：班主任和班级学生要结为朋友。这样班主任可以知道学生现在的兴趣爱好，了解他们对待事物的看法，探知他们的心里所想，便于班主任对于班级的管理。友情化管理模式的第二步：引导学生树立正确的朋友观。班主任要让班级学生明确什么样的朋友才是真正的朋友，明确朋友的真谛所在。朋友是在你最需要的时候陪在你身边，在你不需要任何言语的时候给予你默默的帮助，会在意你的一些细微的变化等。友情虽然不及亲情来得那么血浓于水，但也是非常长久的。一个人拥有真正的友情会感觉到非常幸福。

3.温情化是幸福的内涵

温情是一种温顺体贴的情谊。温情式的管理模式主要是调动人的内在作用。班主任对于班级的学生应该采取温情化管理模式。对待不同类型的学生都温顺体贴，让学生感受到班主任在班级一视同仁，没有任何的偏袒，非常公平公正，不会说让学生因为自己学习成绩差，而以为班主任看不起自己，因为自己非常调皮，而以为班主任讨厌自己。这样，班主任在学生心目中的地位就会加深一步，从而让学生感到在这个班级，拥有这样的班主任非常幸福。

4.随机化是幸福的催化剂

随机化的管理模式也就是在管理之中随意性比较强，没有任何规则可以遵循，这在班级管理之中体现为学生兴趣发展的随机化。班主任应该采取随机化的管理模式，对不同学生的兴趣爱好给予鼓励和支持，而不是在其之上强加一些东西，甚至是要求统一化。学生在班级之中，能够把自己的兴趣爱好、特长表现出来，对于其本身也是一种鼓励，学生内心中也会感到非常骄傲和自豪，幸福之感油然而生。

5.制度化是幸福的方圆

制度化的管理模式就是按照已经制定好的规则来推动班级的管理。“不以规矩，不成方圆”。做任何事情都要有一个规则或者是准则来要求自己，约束自己。班规对于一个班级来讲是必不可少的，身为这个班级的一分子，遵守班级纪律是非常重要的。班级的管理，不能说只有亲情、友情、温情，甚至是随意性的管理，要以一定的规章制度作为前提。要求大家在一定的方圆之内体会亲情、友情、温情的含义，做到自己的兴趣爱好随机性地发展。如果少了一些规矩，幸福似乎就少了一些章法。

（三）温情化的管理方法

1.语言关怀

语言是一个非常深奥的东西，是一门艺术。作为人与人之间交流的一种媒介，我们不仅要注意说话的内容，还要注意说话的语气。班主任在和学生进行交流的时候，要通过自己的语言，体现出对于学生的关怀，多一些鼓励性的话语，少一些讽刺挖苦的言语；多一些赏识性的话语，少一些批评的言语；多一些尊重的话语，少一些霸道的言语；多一些关怀的话语，少一些蔑视的言语。给学生充分的肯定，使学生感到喜悦，感到幸福。

2. 行为关怀

如果说语言是一门艺术，那么行为则是另外一门艺术。行为是我们脚踏实地地把我们的一些想法展现给他人的一种媒介。班主任在管理班级学生时的行为关怀，形式多种多样。幸福说简单很简单，说难也很难。作为一名班主任，从学生的幸福感需要出发，采取温情化的管理，提高学生的幸福指数，让难事变成易事，让易事变得更简单。

第二节 大数据对高校学生管理模式的影响

一、对高校环境的影响

近年来，大数据在我国得到了迅速的发展，对大学师生的学习生活乃至思想观念都产生着广泛和深刻的影响。对于学生管理，一方面，大数据的发展为高校学生管理工作提供了很好的发展与创新的机遇；另一方面，大数据的发展也带来了一些新的问题，对学生管理工作形成了极大的冲击和挑战。在这种形势下，系统分析互联网所带来的机遇和挑战，探讨应用互联网开展学生管理工作，具有鲜明的现实和理论意义。

（一）互联网为高校学生管理工作创造了新的机遇

目前我国高等教育存在的诸如高等教育大众化、个性化、终身化、实用化等问题，都有望借助网络的普及而得以改变。具体说来，这些问题解决的可能性主要体现在：

第一，网络将激发学生学习兴趣和好奇心，增强学习主动性从而促使学生“自学自教自用”的能力得到很大提高；同时也可以帮助教师及时更新教学内容、提高教学水平、改进教学方法。这样，很好地发挥了“教与学”的有效性。

第二，大数据出现打破了传统教育的时间和空间限制，使得高等教育的大众化和终身化成为可能。

第三,大数据的发展使得个性化教育、按需学习成为可能。

第四,教学模式将从“教师‘教’——学生‘学’”的模式向“学生‘自学、自教、互教’为主——教师引导为主,教授为辅”的模式发展。

高校学生管理工作作为高校教育的重要组成部分,也必然受到高等教育模式转变而带来的影响。近些年来,学生管理工作面临诸多困境:管理方式方法单调老套不具创新性;管理内容枯燥陈旧、理论脱离实际的现象突出;学校管理与社会管理脱节,管理社会化问题等等。简言之,这些问题也寄希望于能借助互联网而得到解决。

同传统的学生管理工作相比较,应用互联网开展学生管理工作,为学生管理工作的开展提供了巨大的空间,其表现为:①拓宽和丰富了学生管理工作的内容。②促进了学生管理工作方式方法的转变。③开辟了学生管理工作的新途径。④创造了高校学生管理工作的新环境。

可以说,学生管理工作利用网络是适应社会发展的需要,也是学生管理工作自身多样性、综合性和时代性等特征所决定的。

(二)大数据给高校学生管理工作带来新的挑战

在对高校大学生进行管理的过程中,大数据着实给学生管理带来了不可忽视的挑战,其主要表现为:

1.对大学生政治观、价值观的影响

不可否认,随着互联网以及大数据的发展,可以以现代化的形式和手段将德育的内容具体化、生动形象化,对大学生学习政治理论、培养坚定正确的政治观和价值观,起了积极的推动作用。但是,大数据对大学生的政治观、价值观也带来了消极负面的影响。在大数据时代,青少年学生虽然知识丰富、爱国热情和社会责任感高,但由于其经验和阅历有限,对国情、世情体察不深,对网上出现的一些社会现象认识不深或片面,容易被西方宣传的思想渗透而西化。

2.对大学生道德观、法制观的影响

学生管理工作的重要任务是提高大学生的道德文明程度,培养大学生的良好的道德品质和法制观念,提倡职业道德和恋爱婚姻家庭美德。而网络的应用为高校德育理论与实际的结合起到了促进作用，也深化了大学生的道德观和法制观，但是，网络带来的问题也不容忽视。

(1)社会责任弱化

互联网制造出来的虚拟社会为大学生群体提供了极大的自由度，这种虚拟环境往往会使他们忘记自己的社会角色和社会责任，从而做出一些不道德甚至违法的事情。

(2)道德冷漠

如今无数大学生沉迷于聊天交友及各种电子游戏，大大减少了与他人进行可视性、亲和感的人际交往，这样容易使其对他人和社会的幸福漠不关心，失去幸福感知。另外，虚拟社会的非人性特点，也易使大学生的人性受到影响。

3. 对大学生心理健康的影响

网络对大学生心理健康的影响主要表现为因痴迷上网而带来的一系列心理问题，如网瘾。与其说网瘾是一种生理问题不如说是心理问题，属于一种强迫症。

(三)网络环境下对高校学生管理工作创新和发展的一些思考

高校的学生管理工作由学生、管理者、管理内容方法及管理环境四个方面共同构成，同时，在互联网时代的大环境下，学生管理工作也受网络法律法规的健全完善程度影响，所以网络环境下学生管理工作的创新和发展也需要从这几方面来寻求突破。

1. 转化观念，提高管理者自身素质

一方面，管理者要意识到网络的强大功能，树立网络为学生管理服务的指导思想；另一方面，管理者要提高自身的信息素质，加强对互联网的理论研究，以理论促进管理实践。

2. 加强宣传，嘉奖和惩训并举

对于榜样要鼓励嘉奖，对于反面例子要适当批评和惩罚，吸取经验教训。基于学生管理是“家庭—学校—社会”为一体的系统工程，所以榜样宣传要以学生和教师为中心，要以学校为阵地而逐渐向紧密相关的家庭和社会渗透，从而达到合力最强、管理实效性最大化。

3.丰富和创新内容、发挥受管理者的积极主动性

首先，学生管理工作内容的选取要注意实效性和针对性，引导学生参与其中；其次，要注意尽量把管理制度同现实生活联系起来，调动学生的积极主动性，达到强化效果；最后，在具体内容上要加强网络道德和法制教育模块的建设。

4.创新实施学生管理的形式和手段

长远地讲，要积极探索网络环境下学生管理的新机制，建立学生思想信息“收集—整合—调整和干预”的网络调研体系；同时，要善于运用多媒体工具甚至开发管理软件来使管理手段现代化、科学化等。

二、对高校大学生的影响

（一）生活影响

1.闲暇时间利用的变化

参与调查的学生中，有52%的学生选择在周末空闲时间上网。

2.食宿时间及质量的变化

学生们经常出去通宵，影响了他们的食宿。而在通宵的过程中，就靠吃一点泡面喝一点矿泉水维持一夜的活动，这不仅影响了学生的学业，同时也危害了学生的身体。

3.网络游戏对大学生的影响

第一，益处。网络游戏是对紧张学习的一种自我调节和放松。面对现在学生繁忙的学习环境和就业的压力，适当地玩游戏放松一下是一种可取的调节手段。例如某些益智类的游戏，它可以锻炼人的思维和应变能力。

第二，危害。网络游戏能够使人沉迷于其中，进而就可能“玩物丧志”。沉迷“网游”，它会扭曲一个人的心智。

4.大数据加剧了大学生的攀比与浪费

随着大数据及电子商务的普及，网购已经成为大学生购物的重要方式，虽然这种购物方式为人们的生活带来了方便，但是也无形中增长了大学生的攀比意识和浪费行为。由于网上购物所采用的付款方式是电子付款，如通过支付宝、“余额宝”付款或通过银行卡转账等，这

种不以实物货币作为交换的购物方式很容易让学生对金钱没有太大概念，在花钱时“大手大脚”。

因为在用实物货币进行交换的过程中，大多数同学会考虑节省，也会在付款的过程中体会到父母挣钱的艰辛，还会有一个讨价还价的过程，让每一分钱花得有价值。但是，网络环境下，物美价廉的商品总是很容易激起大学生的购物欲望，而且不需要使用现金，当购物欲望很强时，支付宝、银行卡上的货币在学生眼里，也许只是一个数字而已，转账付款的过程中也很难想到父母挣钱的艰辛。而且当网购上瘾时，必然会买一些重复的、不必要的商品，从而造成一定程度上的浪费，特别是那些对服饰感兴趣的同学，往往会在着装打扮上比较注重，花较多的钱在衣服的采购上，这也会造成同学间相互攀比的现象。

（二）学习影响

1.大数据为大学生开通了一个广阔的信息渠道

计算机网络的逐步普及，使得大学生能够从各种网络上获得千变万化的时代信息和人文科技知识，汲取各种知识营养，来发展和壮大自我。

2.网络为大学生的学习打开了方便之门

如今网络上资源共享越来越多，信息的传播、文化的交流只在瞬息之间。网络的开放性和方便性、内容的多样性和广泛性，为大学生提供了一个广阔的学习空间，大大拓宽了大学生的求知途径，有助于大学生开阔视野、促进学业；网络可以为大学生提供一种自由、轻松、没有压力的学习环境，有助于大学生培养和发挥创新能力；网络是一个广阔空间，存在着许多新鲜和未知的事物，有助于开发大学生的潜力。方便大学生查阅资料，解决学习上的难题。

（三）心理影响

1.网络改变了大学生在工作和生活中的人际关系及生活方式

大学生在网上公开、坦白地发表观点意见，要求平等对话，对大学生工作者的权威性提出挑战，使思想政治工作的效果往往不能达到预期。同时，上网使大学生容易形成一种以自我为中心的生存方式，集体意识淡薄,个人自由主义思潮泛滥。

2.信息垃圾弱化大学生的思想道德意识

有关专家调查,六成左右的大学生在网上无意中接触到黄色信息。还有一些非法组织或个人也在网上发布扰乱政治经济的黑色信息,蛊惑大学生。这种信息垃圾将弱化大学生思想道德意识、污染大学生心灵、误导大学生行为。

3.对于大学生“三观”形成构成潜在威胁

大学生很容易在网络上接触到资本主义的宣传论调、文化思想等,思想处于极度矛盾、混乱中,其人生观、价值观极易发生倾斜,从而滋生享乐主义、拜金主义、崇洋媚外等不良思潮。

(四)价值观影响

不可否认,网络以现代化的形式和手段将学生管理的内容具体化、生动形象化,对大学生学习政治理论、培养坚定正确的政治观和价值观起了积极的推动作用。但是,网络对大学生的政治观、价值观也带来了消极负面的影响。在互联网时代,青少年学生虽然知识丰富、爱国热情和社会责任感高,但由于其经验和阅历有限,对国情、世情体察不深,对网上出现的一些社会现象认识不深或片面,容易被西方宣传的思想渗透而西化。

学生管理工作的重要任务是提高大学生的道德文明程度,培养大学生良好的道德品质和法制观念,提倡职业道德和恋爱婚姻家庭美德。而网络的应用为高校德育理论与实际的结合起到了促进作用,也深化了大学生的道德观和法制观,但是,网络带来的问题也不容忽视。

三、对学生管理工作的影响

(一)管理模式的影响

1.传统模式的改变给管理工作带来难度

现在的电视、电台、网络等媒体对学生生活的影响,无形中改变了学生的认知和价值观的走向,信息多元化、价值观多元化给辅导员工作造成很大的不利影响。这些媒体的出现改变了原有的管理教学模式,学生可以比以往更快捷地获取信息,这些信息良莠参半,学生辨识能力差,新的环境改变了原有的管理模式,辅导员的管理地位也受到了威胁,为了更好地进行思想政治教育,辅导员们就应该准备好新的姿态面对新的挑战。

辅导员应该以网络为工作,学习网络工具的应用,加强学生的思想品德建设。随着学生对网络的掌握越来越熟练,学生的自主性也在变强,所以教师要利用网络这条渠道,帮助学生建立正确的"三观"。

2.学生管理工作的主体地位受到威胁

大学生的上网时间不断增加,网络已经成为生活中的一部分,学生受到网络影响越来越深刻。网络的多元化影响着同学们思维方式的多元化,所以,思想教育的主体地位受到了威胁。因为网络普及的迅速、浩瀚的信息资料虽然开阔了学生的视野,但是信息鱼龙混杂,同时有不健康的信息在流传。所以教师要有及时进入网络管理工作的角色准备,教师的思想教育在网络的威胁下,不占主体地位,被学生们忽视。

3.学生个体行为的改变

互联网克服了地域、时间的约束,虽然人们的信息交流变多,但这其中还掺杂着许多不良的信息,误导学生的思维方式。虚假信息充斥在网络上,辅导员不能完全过滤虚假信息,很多会影响学生的个体行为,那些已被感染的同学,就在健康成长中埋下了隐患。青年在培养自己信念的同时受到了网络的冲击,个人对网络信息的把控显得薄弱。因为网络社会存在道德失格,个人形式受到网络虚拟的洗礼。大学生还未接触社会,对网络道德和法制观念显得意识不强,所以辅导员应该做到维护网络的安全控制。要注意学生的网络依赖,通过网络对学生进行心理辅导的措施。

(二)管理工作者素质的影响

网络已经成为人们工作、学习、生活不可或缺的一部分,当今世界,网络已经成为西方国家对我国意识形态进行文化侵略和渗透的重要途径。面对复杂的国际政治局势,面对快速发展的网络科技,面对思想日益复杂的受教育者,高校学生管理工作者的政治素质、电脑技术、能力水平正面临严峻的考验。

首先,管理者必须要跟上时代,如果孤陋寡闻,不善于捕捉网上各种各样的思想信息、去伪存真、有的放矢,就会使学生管理工作的有效性大打折扣。其次,校学生管理工作者如果自己没有坚定的政治信念、没有对共产主义的崇高信仰,就很容易在形形色色的网络文化中丢失自己、误导学生。最后,如果没有熟练的电脑技术,不善于借助最新的软件工具,必然无法满足大学生接受思想政治教育的需要。思想政治教育工作者作为服务学生健康成长的导师,也是学生学习的榜样,在此情况下,必然会面临能力与素质方面的挑战,所以只有不断地学习、提高认识、提升能力,才能成为一名合格的思想政治教育工作者。

在当今网络发达的环境下,如果想借助新媒体工具开展工作传播信息,还需要学生管理工作者具备一定的网络应用能力,因此高校应该在有条件的前提下,在一定程度上对学生管理工作人员进行电脑及网络建设等技能的培训,或者作为高校学生管理工作者,在学校没有培训之前,自己也要抽时间主动充电学习,都说"活到老学到老",作为教师的我们也要积极为学生的学习树立榜样,只有管理人员具备了相关的网络能力,才能在日常的工作中发挥好网络优势,才能真正做到提高管理工作效率。

第三节 大数据时代高校学生管理的指导思想

一、坚持以学生为本的工作理念

以学生为本。第一,开展学生管理工作时,在深入调研了解学生的基础上,一切从学生的实际出发,从学生的需求和愿望出发,想学生之所想,急学生之所急,帮助学生解决成长中遇到的各种问题。第二,充分相信学生、尊重学生的主体性,重视发挥学生的自我教育、自我管理能力，在教育过程中突出教师的主导地位、学生的主体地位。

现在的大学教育似乎是同向化教育，在此基础上辅导员的引导起到了至关重要的作用。大学教育不像小学、初中、高中教育，是灵活的教育、多变的教育，有些选修课可以根据自己的兴趣来学习。在兴趣学习期间，辅导员的管理成了一项艰难的工作，但是在管理中怎样坚持以学生为本应成为辅导员在以后教学与管理中的一个中心问题。

辅导员的管理不再是笼统的、没有计划的管理，而是以学生为本，所谓的以学生为本就是从学生的实际情况出发，以学生成才为主。俗话说管理就是服务，作为辅导员应该想学生所想、做学生所做。班级作为学校的重要的组织机构，其建设的好坏直接关系到学校管理的成败，影响着学校的教学素质。以学生为本成为教学的重中之重，成为走进学生内心世界的一个重要因素。学生的造反、逃课等一些不良的习惯不是因为自己淘气，而是对应试教育的一种抵抗。所以在现在的大学中，辅导员是学校与学生沟通的桥梁，是一个牵引的绳子，也就是所谓的中间人。这就在辅导员的面前提出了主题：怎样坚持以学生为本[①]。

（一）理解管理的真正含义，实现教师与学生的互通

现在的学校，老师与学生不再是朋友，有些甚至是敌人，这是因为老师与学生的距离越来越远，沟通也越来越少，老师不能真正理解学生的实际意图，而学生更不能理解老师的良苦用心。

在大学，辅导员相当于初中高中的班主任，而真正实现以学生为本的教学，就是从学生实际出发。真正的互通则是心与心之间的交流，而管理则是变相的服务。影响辅导员管理的因素有很多，其中有内因和外因之分。内因是辅导员需要赢得同学的认可，例如用博学的知识来赢得学生们的钦佩，有一种不服输的劲头，让同学和你一起奋斗一起学习，可以和同学打成一片，可以和同学心与心地交流，可以成为知己，成为朋友，成为一个倾听者。这些内因都可以实现教师也就是辅导员与同学的互通。而外因也有很多，如校园环境、管理结构等

①宫磊．高校图书馆管理与服务创新研究[M]．长春：吉林大学出版社，2020.

因素。在种种因素下辅导员的管理或许会有一定的困难,但是只要实现了沟通,实现了理解,那管理就是一件轻而易举的事了。辅导员的管理就是预测同学可能发生的事件而去提前预防,组织同学参加各种活动,增进同学之间的关系等。沟通成就未来,沟通促进发展。

(二)注重对学生素质方面的培养

以学生为本就是从学生的实际出发,在大学期间不仅要教导学生学习知识,更应该全面培养学生的良好素质,辅导员在这方面可以多加引导、指引。现在有些大学生注重学习,往往忽视了道德理念,辅导员就应该起到引导的作用,加强学生的思想道德观念,把学生培养成全面人才。从现在的大学生自身发展状况来看,当代大学生正处在世界观、人生观、价值观形成与发展的重要时期,这个时期大学生的思想、道德心理等方面都有一定的发展。在这段时期就应有辅导员的引导与教育来培养大学生正确的三观。现在不管是在社会上还是在生活上都很注重思想道德修养的培养。思想道德是一个社会的准则,所以大学期间更应注重它的培养。

(三)在教学中要以学生为本

所谓的以学生为本就是把学生作为学校教育和管理的根本,就是时时处处把学生的利益放在首位,就是从学生的立场和想法出发来开展工作。但是以学生为本绝不是对学生的一味纵容和对所有想法的大力支持,也不是抛弃师生关系最基本、最底线的道德要求和行为规范,以学生为本就是孔子所说的因材施教。这或许是最简单的解释。

在教学中,老师对学生不放心,生怕漏掉某些知识,所以把所有的东西都教给同学,每个课堂都满满的,没有给同学一点时间消化,同学就像填鸭式的被灌输知识,而课下就没有了探索,变成了一味地复习、做题,连实践的时间都没有,导致恶性循环。在此老师也应该多多思考,在教学中应使用设置情景式教学法。教学的方法有很多,例如设置情景式教学、以游戏的方式教学等。这些方法在教学过程中使用的同时要注意培养同学的自主性,可以使用同学相互教学法,在实践中培养自主性,这不仅是一个新颖的教学方式,同时也可以让同学体验当老师,树立课堂观念。这使同学在独立思考的同时,可以相互学习,增强学习的热情。教学是一个相长的过程,同学在准备教学的时候会查阅很多资料,经过反复琢磨总结。这样的教学是有效的,是真正以学生为本。

(四)开拓、挖掘学生的潜力

总的来说,教育是以关心、关怀、关爱学生的健康成长为目的的,作为辅导员应该密切关注同学的言行、感情、心理等各个方面,只有这样正确地为同学着想,才有助于以学生为本,构建和谐校园。在日常教学中应开拓学生的潜力,辅导员应通过日常的细微小事来发现和挖掘多数同学的不同才华,这样才会使每个人受益。现在强调的是素质教育,而素质教育并不单单只是学习,而是德智体美劳全面发展,这样才是一个健全的同学。

现在的社会需要的是有能力、有思想、有内涵的年轻人,那么现在提出的以学生为本的教学,是从学生的实际出发,来使整个社会更加和谐。辅导员的引导与教育,是推动这个方针持续发展的一个重要因素,而培养学生的潜力则是推动以学生为本的另一因素。

在这个日新月异的社会,大学教育已逐步成为普及的现象,大学生在大学的生活与学习已成为家长、老师的一块心病。这不仅使老师深思,也同样使社会深思,而现在提出的以学生为本的教学理念已成为一个开拓大学教育的新理念。辅导员在管理中要实现以学生为本,不仅体现在学习中,还应在生活中的各个方面,在以学生为本的同时可以挖掘学生各方面的潜力。

二、坚持整体论、系统论思想

高校学生管理系统是大学生成长成才的非常重要的系统,它又包括两个子系统,即思想政治教育系统和管理系统。思想政治教育系统包括以下诸要素,即:校党委办公室、宣传部、学工部、团委、德育教研室、马列部、基层各院系党总支、基层党支部,还有独立的或隶属于学工部的心理咨询中心。行政管理系统有校办、教务处、学生处、保卫处、总务处、网络管理中心、各院系行政部门等要素。有的人也把大学生的教育和管理系统称为“小三线”，即划分为三个系统，即指学校的教学科研系统、行政后勤管理系统和党团系统。笔者认为分为上面两个系统较为合适，其实“小三线”主要是思想教育和管理两个方面。所有上述内容直接或间接的要素组成一个整体，形成一个以学生工作部门为主体的相互联系、相辅相成的大学生思想政治教育和管理系统。

（一）高校学生管理系统的目的性和层次性

高校学生管理系统具有鲜明的目的性，其目的就在于根据一定时期国家对人才质量的要求，按照大学生思想的特点与行为的变化的客观实际以及高等教育的规律，运用马列主义、毛泽东思想、邓小平理论、“三个代表”重要思想、科学发展观和习近平新时代中国特色社会主义思想的理论体系，结合伦理道德和现代化的管理手段来教育和管理学生，将各种教育管理力量，包括学生干部的自身内驱力，政工干部、行政干部和教师的外在力，学校和有关部门，社会和家庭诸方面的影响力等与学生密切相关的有限时间、客观环境、各种信息、各类活动等，合理地进行组织协调，使之发挥最大的效益，促使学生德、智、体、美、劳全面发展。

系统论认为系统具有层次性，就是说系统内部的要素是相互联系、相互作用的，这种关系和作用一般显示出有序的层次，系统的性能不单单同组成它的要素的性质有关，而且同它们之间的关联形式有关。大学生的思想政治教育和管理是一个大系统，由一定的要素组成，同时这些要素又是由次一级要素组成大的子系统。

（二）思想政治教育和管理系统的整体效应

系统论认为任何系统都有整体性和环境适应性。整体性认为，作为一个系统，首先必须明确作为一个整体所体现的功能，系统中各个子系统的功能和它们之间的相互联系都要从系统整体的角度来加以协调和控制。环境适应性则认为，任何系统与各系统都存在于一定的环境之中，它必须与外部环境产生物质交换、能量交换和信息交换。

环境和系统间的相互作用表现为由环境向系统输入信息、能量和物质，经过系统转换再向环境输出新的信息、能量和物质，经过系统转换,外部环境会影响系统的结构和功能。这在现实生活中表现为环境信息对大学生产生影响,内化为其思想,反过来再外化为行为,对外界产生反映、产生行动。为保证和形成系统的整体效应,必须按照系统的整体性和环境适应性原则的要求,来处理大学生思想政治教育和管理中的问题。

(三)思想政治教育和管理系统的控制和信息传输

所谓信息控制,就是德育系统中控制者作用于被控制者使其按照控制者的目的而行动的过程。也就是说思想政治教育和管理系统中的教育和管理者通过多种形式,影响作用于受教育和受管理者,使其按照该系统的目标和要求健康成长的过程。

在高校大学生思想政治教育和管理系统中,也可以把教育管理的主体(政工干部、教师、行政干部),看成一个子系统,把思想教育管理的客体(学生)看成另一个子系统。这两个子系统之间相互影响、相互作用,目标就是为了培养有理想、有道德、有文化、有纪律的"四有"人才;这两个相关联的子系统中,教育和管理的主体(政工干部、行政干部和教师),称为控制系统;另一个是教育管理的客体(学生),称为被控制系统。要发挥作为主体的政工干部、行政人员和教师的工作积极性,提高控制系统的工作效率。

他们是进行教育和管理的主体力量,他们的一言一行对学生的思想、行为的变化都起到潜移默化的作用;教师要发挥教书育人的主导作用。要培养、锻炼和发挥客体学生自我教育、自我管理、自我塑造、自我发展的自控力。

大学生思想政治教育和管理系统目标的实现,也就是说整个过程的完成,其实质是一个信息过程,是信息收集、整理、加工、传输、反馈的过程,是通过教育和管理与大学生之间的信息的交流与传递而实现的,在整个信息的传递过程中,有四个基本要素,即思想政治教育与管理者(主体)、受教育与受管理者(大学生客体)、思想政治教育与管理、信息源和信道(传媒)。首先,主体为了实现自己的教育目标,就要有目的地从信息源中收集相关的信息,经过自己的整理加工,通过一定的信道传输给客体，与此同时，客体也以不同的途径和方式直接学习或被动地接受信息源的信息。然后，主体要收集来自客体的反馈信息，并以此来调整自己的工作，在整个信息的传输过程中，都存在着外界的干扰。这些干扰有自然性干扰和人为性干扰两种。

主体是信息的传递者，它的主要功能是通过多种途径和方式排除干扰，有选择有目的地向受教育者传输德育信息。信息的接受者即客体大学生，应具有很强的信息接受和转换能力，具备听、写、读、观察、分析、辨别和抗干扰能力，明确接受信息的目的，掌握科学的接收和处理信息的方法技巧，与教育者关系融洽，心灵相通。信息的传输渠道，即信道，又称传媒。是信息传播的载体，它的主要功能是将信息不失真或者较少失真地传给客体。信息反馈是现代化管理的重要一环，在高校思想政治教育和管理系统中，它是不可缺少的基本要素。要使反馈的信息准确、及时、全面、有效，就必须建立纵横交错的、主体交叉的信息反馈系统。

（四）大学生思想政治教育和管理科学模式的构建

高等学校实行的是在党委领导下的校长负责制，但党政职能分开，党组织不能包揽行政事务。大学生教育和管理体制的建立也必须服从这个总原则。同时，按照系统理论中的系统原则、整体优化原则、控制力量原则、信息理论原则等，可建立一个合理的大学思想政治教育和管理体制的系统模式。

这种体制模式着重体现了以下特点：一是它体现了校（院）长全面负责、党委保证领导和监督的总原则，从组织上彻底解决了过去存在的党委负责教育、行政负责管理，管教脱节、虚实分家的两张皮的问题，实现教育和管理一体化，党政工团齐抓共管。二是这种体制的系统模式有利于统一指挥和上通下达。统一指挥是建立在明确的权利系统之上的，如果权利系统的权利是合理的，那么依靠权利系统内上下级之间的联系所形成的指挥系统就能正常运行，也就达到了便于控制的目的。三是这种体制的系统模式中，从校长到学校，从决策系统、指挥系统到执行系统的运行是灵活的，不存在多头领导和中间堵塞现象，从执行系统、指挥系统到决策系统的信息反馈系统也是畅通而有效的。

三、"三贴近"

"贴近实际，贴近生活，贴近群众"是我们党宣传思想政治工作长期实践的总结，也是我们党的传家宝。高校作为培养人才的摇篮和宣传先进思想的前沿阵地，只有紧紧围绕"三贴近"这个核心不动摇，高度重视，认真学习并贯彻落实，才能更好地做好高校学生管理工作。

始终如一地坚持以"三贴近"为指导，贴近实际、贴近生活、贴近学生，就是要进一步加强学生管理工作在学校工作中的重要地位，以学生为本，以学生为中心，促进学生的全面发展。

（一）搞好学生思想政治工作要坚持以"三贴近"为根本原则

高校学生思想政治工作要贴近实际、贴近生活、贴近学生，这是对高校学生思想政治工作的全方位、多层次要求。而在实际中，高校学生思想政治工作要真正做到"三贴近"，做好"三贴近"，真正体现"三贴近"的本质要求，有几条基本原则是需要贯彻的。

第一，解放思想、实事求是、与时俱进、开拓创新的原则。解放思想、实事求是、与时俱进是我们党的思想路线。思想政治工作要做到"三贴近"，必须在学生管理工作中始终贯彻这条思想路线，推进思想政治工作的不断创新。贴近实际、贴近生活、贴近学生，就是要求我们把实际生活、社会实践放在第一位，作为思想政治工作的真正出发点。

第二，联系学生、服务学生、求真务实、力戒虚浮的原则。所谓贴近实际、贴近生活、贴近学生，其核心就是要以服务学生为出发点，始终与学生保持密切的联系。

第三，积极引导和积极适应相统一的原则。贴近，从一定意义上讲，也就是适应。我们讲的引导和适应，是积极的引导和积极的适应，也就是我们的工作要从现实出发，从学生的利益需要出发，在这个基础上提出我们教育、引导和提高的步骤和目标，制定我们教育、引导和提高的措施和方案。

(二)贴近高校实际,从高校实际出发

第一,要从高校所承担的政治职能出发。政治职能是高校最重要的职能之一,高校要向学生传播国家和社会所倡导的主流意识形态,并坚持用党和国家的基本方针政策开展教育。因此,高校学生管理工作首先要从党和国家的基本方针政策出发,从国家和社会所倡导的主流意识形态出发。

第二,要从高等学校思想政治工作的现实环境出发。高等学校思想政治教育环境可分为硬环境和软环境。硬环境指高校的硬件设施,如教学楼、实验楼、图书馆、学生公寓、仪器、设备、媒体网络和各种文体设施等。从硬环境出发就是要依托学校的硬件设施,充分利用学校的有效资源开展思想政治工作。软环境指校园的文化环境,包括学校的校风、学风、校训、教学思路、教学体制、文化底蕴和学校建筑布局的美学、人文思想等精神条件。校园文化对学生的影响是循序渐进和渗透性的。因此,学校的校训有无概括性、警示性,校风有无文明性,学风有无进取性,学校教学思路有无灵活性,教学体制有无开放性,学校文化底蕴有无浓厚性,学校建筑布局有无审美性等,都是高校学生思想政治工作能否有效开展的软性基础。

第三,要明确学校教育的特性,从学校教育的实际特点出发。学校教育与家庭教育和社会教育的最大不同是学校所进行的各种教育都是有组织、有计划、有步骤的,而且学校主要进行的是理论教育。这一特点决定了学校思想政治教育的方式主要是进行系统的正面理论灌输,目标是帮助处于世界观、人生观、价值观形成和逐步稳定时期的青年学生形成正确的政治观点、思想观念和道德意识,形成正确的道德判断和行为能力。

(三)贴近大学生活,从学生现实生活出发

高校学生生活可以简单分为课堂生活和课余生活。从学生管理的角度讲,如果说课堂生活主要解决学生的认知问题,那么课余生活就主要是解决如何促进学生的知行转化问题。贴近高校学生生活主要是指贴近学生的课余生活。高校学生课余生活首先集中在寝室,即宿舍生活,其次是食堂,最后是娱乐场所。

第一,要贴近学生宿舍生活。一般高校均采取流动教室的做法,各专业学生没有自己的固定教室。宿舍是高校学生经常滞留的地方,宿舍生活构成高校学生生活最重要的一部分,对高校学生思想政治品德行为的形成具有潜移默化的作用。因此,贴近高校学生生活首先需要从贴近宿舍生活入手,把思想政治工作渗透到日常的宿舍管理和宿舍文化建设中来。

随着我国教育改革的推进,各高校逐渐推行宿舍管理社会化的做法,把宿舍楼交给独立运行的物业管理中心来管理。这给在宿舍开展学生思想政治工作带来了新的情况和问题。在物业中心制订宿舍管理规定的时候,高校学生处和各年级辅导员等相关高校学生思想政治工作者应参与其中,把思想政治工作的具体要求固化到宿舍管理规定中来,同时各年级的政治辅导员要协助宿舍楼长和管理员做好宿舍卫生的检查和评比工作,要在宿舍文化建设中发挥主导作用。

第二,要贴近学生食堂生活。高校学生一日三餐的时间一般在食堂里度过,食堂是除宿舍之外高校学生又一经常集中和滞留之处。思想政治工作贴近食堂生活也具有重要意义,贴近高校学生食堂生活,应从此类细微处抓起,利用环境加强对学生思想政治品德的渗透性,为学生营造积极的环境,避免消极的环境影响。

第三,要贴近学生娱乐生活。高校学生的娱乐生活丰富多彩,既有多种传统的文体娱乐活动,也有新兴的现代都市娱乐活动。传统娱乐活动一般包括跑步、打球、游泳、旅游等活动,现代都市娱乐活动一般指伴随信息时代的到来而出现的网上娱乐、歌舞厅娱乐等活动。在传统娱乐活动中,要注意进行诚信合作与公平竞争意识的渗透和培养,以适应我国逐步推进的现代民主政治建设;而在新兴的网络娱乐活动中,要注意网络道德的渗透和培养。

(四)贴近学生思想,从高校学生思想实际出发

贴近学生思想就是要准确把握高校学生的思想动态。对于不同年级的学生要针对其不同的思想发展状况采取相应的思想政治教育方法,选择相应的思想政治教育内容,并灵活选择思想政治教育时机。

(五)完善对学生的管理、指导和服务,要以“三贴近”为根本宗旨

在实际工作中,我们始终坚持以“三贴近”为根本宗旨开展工作。几年来,我们努力实现了就业指导工作的三个转变:即由阶段性向全程性转变、由管理型向服务型转变、由单功能向多功能转变。并在机构、人员、经费、场地等方面给予有力保障,引导学生正确认识困难与问题,解除学生心理压力,保证了学校的稳定发展和学生顺利成才;在服务上,我们提出了“心入、情入、投入”口号,想学生所想,急学生所急,切实为他们解决学习、生活、思想中的困难问题,力求把工作做深、做细、做扎实。

贴近实际、贴近生活、贴近学生,是高校学生管理工作的一条历史经验,是高校学生管理工作所应遵循的一个基本方针,也是高校学生管理工作增强针对性、实效性的根本保证。今天,在新的社会历史条件下,站在新的历史高度,从新的、更加开阔的视野来认识研究这个问题,并使这一方针更为丰富的新内涵在高校学生管理工作实践中得以贯彻,对于高校学生管理工作适应时代要求和实践需要不断创新,具有重要的现实意义。

第四节 大数据时代高校学生管理模式的新理念

随着互联网信息化技术的进步,现在人类已经全面进入了数字化时代,在数字化时代人们在网络中的各种行为都会形成数据,把这些数据汇总起来就形成了海量的大数据信息。大数据时代的到来正在深刻地影响着人们的学习和生活方式,对任何一个行业都会产生革命性的影响,现在社会上的很多行业比如IT、金融、商业等领域都越来越依赖于通过大数据分析用户的消费行为和企业发展的模式,而不再是仅仅的依靠直觉和经验判断。

由于大数据包含了各种数据信息,因此通过大数据能够把握事物发展的一般规律，对各个行业的发展都能够起到借鉴作用。对于高校的学生管理来说，在大数据时代背景下，由于大学生是信息化使用的主流，对于互联网十分依赖，因此在高校的学生管理中管理的工作方法、理念、内容都应该符合大数据时代的互联网精神和思维，尤其是在高校学生管理中的主体、客体和媒介等建设中，大数据也发挥了越来越重要的作用，因此，研究在大数据背景下高校学生管理模式的创新，更好地促进高校学生管理工作的科学性、针对性和灵活性是目前高校学生管理工作的重点[①]。

一、互联网时代大数据的特点

大数据本身不仅代表着数据量的庞大性，同时更代表了庞大的数据背后存在的价值和技术手段。现在世界上对于大数据还没有统一的定义，通常情况下我们都是沿用麦肯锡全球研究所给出的定义，也就是大数据是一种规模大到在获取、存储、管理、分析等方面极大超出了传统数据库软件工具能力范围的数据集合。大数据时代的核心其实就是预测，在如今数据爆炸的时代，从海量数据中挖掘有用的信息将为人类的生活创造前所未有的价值。

在我国的学术界通常认为大数据就是通过高速的捕捉发现和分析，从海量的数据中提取出有价值的信息的一种技术手段。大数据代表的不仅仅是一种数据提取技术，通常也是一种价值的发现和方法论的体现。大数据现在正在一种前所未有的方式给人们的生产、生活和学习带来翻天覆地的变化，能够为人们获得更有价值的产品和服务。

二、大数据时代高校学生管理工作面临的机遇和挑战

（一）大数据时代高校学生管理工作面临的机遇

第一，在大数据时代让对于高校学生的个性化教育成为可能。在大数据时代教育工作者能够根据每个学生的特点，分析他们的思维方式和认知习惯，对他们开展有针对性的学生管理工作，这样就能让学生管理真正的走进他们的心中，消除了传统的教育带来的弊端。大数

①刘艳．融媒体下高校学生党员教育与管理［M］．北京：中国原子能出版社，2020.

据可以记录每个学生的成长过程,包括他们的人生经历、个人爱好、亲戚朋友,甚至他们学习中选修过的课程、课余经常参与的活动以及浏览过的书籍等都可以通过大数据找到对应的数据,高校的学生管理人员可以对不同的数据进行分类整理,然后找出符合每个学生发展的个性化特点,然后形成不同的分类数据库。通过对这些数据进行分析就可以了解大学生可能对哪些课程感兴趣,在学生管理中可能对于哪些管理行为持认可的态度,他们喜欢的社团活动,以及将来可能从事的工作等,这样老师就可以根据分析的结果对每个学生开展个性化的指导,让高校的学生管理工作更加的人性化和细致化。

第二,利用大数据更容易掌握大学生的心理状态。当代大学生面临着巨大的就业压力,因此他们的心理状态容易产生一些变化,而他们经常使用网络,在网络中他们会抒发自己的失落或者是挫败的情绪,从而表达心中的不满,并寻求网络上的鼓励和安慰。高校的学生管理工作者可以利用大数据对网络上学生的留言进行分析汇总,从而了解大学生目前的思想状态和情绪状况,更容易走进大学生的内心世界,有针对性地开展心理帮扶和指导,帮助大学生快速的平复情绪,找出问题的根结,达到健康的心理状态。

(二)大数据时代高校学生管理工作面临的挑战

生活在大数据时代,人人都是数据的生产者和传播者,同时也是数据的使用者。尤其是在大学校园的学生管理当中,由于现在学生是互联网信息的主要使用者,因此大学生群体与大数据之间的关系十分密切。

大学生每天浏览网络形成的大数据信息量巨大,每个学生每天可能要刷数十条微信、微博并浏览各种网络信息内容,转发多种链接,而高校的学生管理教师通常数量不多,这样就很难处理海量的数据信息。数据量的增大必然也会导致数据质量的下降,这样在大学生形成的各种大数据信息中,错综复杂的数据必然会存在一些虚假错误的信息,让高校的管理工作者很难准确地把握大学生的各种信息,造成对大学生管理的一些错误。同时大数据由于网络监管不严,在网络上还存在很多虚假的信息，对大学生的思想、行为和价值观判断产生干扰，有些大学生会在网络上受到一些不良信息的影响，产生一些消极的心理和情绪，让他们的价值观念遭到破坏，因此作为高校的学生管理工作者必须在大数据时代快速地分析和掌握这些信息，为高校的学生管理工作打下良好的基础。

三、大数据时代高校学生管理模式的创新

（一）提升学生管理的数据意识，提高数据处理的能力

在大数据时代，高校的学生管理模式已经由传统的通过各种制度的制定对学生进行机械式的管理转向了通过大数据技术分析大学生的各种行为，采取有针对性的措施加强大学生的行为管理这种全新的途径上。因此在大数据时代要想创新高校学生的管理模式，就必须充分利用大数据技术。数字化代表着高校学生管理的一个根本性转变，有了大数据的帮助，就可以把大学生的各种行为看成是一种相互联系的现象，从这些现象中能够分析大学生的行为规律，形成对大学生的正确认识。

现在网络上各种信息众多，包括微信、微博、QQ和论坛等都会产生大量的数据信息，而高校的学生管理工作就要自觉培养数据信息搜集意识，充分认识大学生在大数据信息中形成的宝贵资源。学会对数据进行有效的分析和把控，同时要掌握一定的大数据分析能力。

为了避免高校大学生管理教师比较少的缺点，高校的学生管理应该采用样本分析的方法，从海量的大数据信息中抽取有效样本进行分析，这样能够从总体上说明大学生的各种行为。高校的学生管理要主动获取、分析、搜集和整理这些数据信息，利用大数据掌握大学生的管理方式方法。

（二）利用大数据建立高校学生管理的预警机制

大数据技术一个重要的功能就是能够通过海量的数据分析从而实现对于事件的预测和判断。在大数据时代下，很多高校的大学生在遇到一些就业问题、心理问题、感情问题和人际交往问题时都愿意通

过网络、微信朋友圈或者是QQ空间等向同学或者朋友诉说,从而得到别人的安慰。尤其是对于一些性格内向,不善于表达的学生更是如此。因此高校的学生管理要重点关注这些对象,教师在利用大数据对学生的各种数据进行分析整理中,可以及时的分析大学生面临着哪些困难,需要采取的措施以及应该给予的指导,尤其是对于思想状况不稳定,情绪波动较大的学生要给予特别的关心和指导,让大学生能够重新树立学习和生活的目标。

针对一些学习成绩较差的学生,老师可以利用大数据统计他们之前的考试信息以及在学习上的一些薄弱环节,从而能够有针对性地对他们进行辅导,同时对于学习成绩较差的学生也可以预测他们不能毕业的概率,这样学生在低年级时就可以为他们敲响警钟,让他们在今后的学习中更加的努力。

(三)解放思想,让大数据真正能够运用在学生管理当中

现在社会上具备大数据处理能力的人才非常稀少,而在高校既具有学生管理经验又具有大数据分析能力的教师人才更是少之又少,高校要想在短时间内建立一支高素质的大数据分析教师队伍也不太现实,所以高校要注重学生管理工作者数据能力的培养,可以对他们进行一些教育培训、实践操作或者采取专家论坛等方式,提升学生管理教师的数据意识以及对数据的敏感度,要让大学生管理教师至少要掌握一种数据处理工具的使用方法和数据挖掘技术,能够在海量的学生数据信息中快速的定位到想要的内容,分析他们的思想状况,提升他们对大学生思想状况的掌握和预警判断能力。

大数据蕴藏着巨大的价值,但是目前来看高校对于大数据的重视程度还不够,因此高校的学生管理教师必须解放思想,树立大数据意识,善于利用大数据真正地为学生的管理出谋划策,创新管理的模式,抓住现在大数据发展的机遇,主动地对管理模式进行创新和改革,让大数据真正能够服务于学生的管理工作当中。

青年学生思维比较活跃,更容易接受不同的思维模式,因此高校的学生管理教师应该通过线上和线下不同的方式了解大学生的思想动态，尤其是对于社会上的一些热点事件，要充分了解大学生的观点和看法，对他们进行教育和引导，做好危机处理工作，维护网络舆论的安全性。利用大数据技术传播社会正能量，提升大学生的社会责任感和分析、判断问题的能力。高校学生管理者还要通过大数据不断的分析和预测，培养大学生的网络媒介素养，让大学生遵守网络规范，在大数据的使用中要注意保护大学生的个人隐私，形成一套完整的数据安全管理制度，更好地为学生管理工作服务。

四、小结

随着互联网信息技术的进步，人们每天都会面临数量庞大、错综复杂的数据，人类已经全面进入了大数据时代。大数据时代的到来给高校的学生管理工作带来了新的发展机遇，同时也是严峻的挑战。只有将大数据与高校的学生管理模式相融合，不断对高校的学生管理方式方法进行创新，探索在大数据背景下的高校学生管理新模式，才能够让高校学生管理在大数据背景下实现更高层次的目标。

大数据时代对高校的学生管理既是一个难得的发展机遇，同时也是巨大的挑战。高校应该充分认清大数据技术在学生管理工作中的重要作用，不断地对学生管理模式进行创新，只有这样才能占领大数据时代学生管理的新阵地。

第五节 大数据时代高校学生管理工作的变革与发展趋势

大数据时代，网络信息化已经成为高校学生学习生活不可或缺的部分，研究如何基于大数据技术提升高校学生管理工作的效能就显得极为重要。本节内容通过研究分析大数据时代高校学生管理工作遇到的挑战和发展的机遇，从辅导员媒介素养的提高、信息平台建设、创新大学生思想教育和校园精神文明建设模式等方面进行了探析，旨在强化大数据意识，科学应用大数据技术，全面提高大学生教育管理工作水平。

一、大数据时代高校学生管理工作遇到的挑战

随着大数据时代的到来,我们社会生活的很多方面都发生了翻天覆地的改变,多种新媒体、新平台不断渗入到我们工作、生活的各个方面,极大地提升了我们的工作效率和生活质量,同时,大数据、信息化也有其自身的特点,如不能深入认识和把握其特点也会给我们造成一些困扰。

大学生是知识密集、思想活跃的群体,他们对网络信息技术的接受更加灵活快捷,微信、微博、QQ、论坛、贴吧等各种信息平台已经成为大学生获得知识、社交生活的重要工具,大数据时代高校学生教育管理工作将会面临一系列挑战,如何应对这些挑战是高校教师应该思考的问题。

(一)大数据时代高校辅导员的管理模式亟待转变

大数据时代,大学生的信息来源、信息量得到极大拓展,大量信息快速传播,学生思想受到极大影响,传统的学生管理模式对大数据时代的大学生而言明显滞后,对辅导员的素质和能力要求明显提高。而目前很多高校辅导员对于大数据相关内容的理解还不够深入,对大数据的应用还只是停留在理论上,还不能真正使用大数据技术高质量展开工作。很多高校辅导员只是利用大数据信息关注学生的学习时间、消费数据、关注事项等,还不能建立起一整套全面、有效的学生管理流程①。

(二)信息技术水平有待提高

一是硬件设备是大数据技术在高校学生管理工作中应用的重要因素,但目前多数高校对于相关设施的资金投入有限,难以发挥大数据管理的优势。许多高校一般是将重点放在教学科研工作中,导致大数据管理设备落后。二是专业信息管理人才缺乏,难以真正实现大数据管理。目前,大多数高校学生管理人员专业信息化处理能力比较薄

①饶慧云. 高校会计风险管理与控制策略[M]. 南昌:江西科学技术出版社,2019.

弱,大数据信息处理经验不足,对海量学生数据信息的应用效率不高,对于信息管理系统中存在的问题不能有效处理,信息管理能力有待进一步提升,对各项学生信息资源的利用有待进一步加强。

(三)大数据时代大学生的思想政治教育面临挑战

在传统的教育模式下,学生获得知识和各类信息的主要渠道是教师,而随着大数据时代的到来,开放、自由的网络世界让教师和学生获得信息的渠道实现了对等,网络上教师和学生都具有同等的发言权,大大削弱了高校辅导员的话语权,因此,大数据时代对高校辅导员也提出了更高的要求。如何在复杂的网络环境下有效开展大学生思想政治教育工作,如何提升自己分析数据、处理数据、应用数据的专业能力,是高校辅导员面临的新挑战。

二、大数据时代高校学生管理工作面临的机遇

大数据带给高校学生管理工作海量的数据,相对于传统的实地考察在信息获取方式上更加便捷,能够比较直观地反映高校的舆情。这一点尤其突出表现在学生管理工作上,高校可以通过实时大数据了解和掌握学生的情况,及时发现潜在的问题,有针对性地开展工作。以往传统高校数据的采集方式都是以问询、调查为主,事后整理反馈结果,由此关注整个学校的整体发展情况。这种传统性反馈结果在高校学生管理工作做出决策时提供了一定的参考价值。但是对学生的实时情况没有办法做到及时掌握,对一些潜在危险也没有办法做到提前预防和预测,一旦出现紧急情况大都只能是事后补救型,从而也使高校学生管理工作陷入被动局面。随着大数据技术渗透到各行各业,高校学生管理数据的采集迎来了新的变革。依托互联网、物联网和大数据搭建的智慧校园模式,不仅在数据采集速度上超越了传统模式,而且在数据质量及数据价值方面都比传统模式获得的数据更具有优势。

基于大数据时代带来的便捷性和时效性,大数据也为高校学生管理做出决策时提供了客观性的科学依据。信息化的物联网时代也在逐渐地改变我们的传统生活,通过构建共享数据平台,各个部门之间可以将有效的信息关联起来,从而整合数据对学生管理工作做出主观

性指导。在高校学生管理工作中运用大数据并不同于商业化的大数据，教育大数据不仅要做到“知其然”更要知其“所以然”。只有把数据分析得更加透彻，挖掘一定的深度才能得出更加直观的结论。通过技术分析和处理，才能挖掘高校学生管理大数据背后所体现的规律和价值，最终利用大数据寻找高校学生管理工作中的应对良策。

三、大数据时代高校学生管理工作的应对方式探析

（一）高校辅导员应提高媒介素养和对信息的敏感性

随着大数据技术在高校学生管理过程中的应用，高校辅导员首先应该不断提升自己的媒介素养，应能够熟练使用多种新媒体平台，通过各种媒体平台和终端设备与学生保持联系，密切关注学生的综合信息。并能够利用技术手段确保获得学生信息的准确性和可操作性。辅导员通过关注学生微信、QQ、微博等，进一步对数据信息进行分析、整合，及时判断学生的思想动态、情感、学习、生活等情况，及时发现和掌握各种情况，并能精准、及时地加强管理，确保管理水平不断提升。

要通过分析挖掘学生的日常行为数据，建立各项预警模型，实现对学生的异常行为及时预警，如生活贫困学生、学习成绩下滑的学生、网瘾学生等，辅导员能够及时发现这些状况，并及时采取措施进行干预，及时纠正学生存在的问题，使得学生能够更健康地发展。

（二）完善信息管理平台，提高信息化程度

第一，进行顶层设计，建立大数据共享平台。大数据发展背景下，高校要实现学生管理信息化，就要进行顶层设计，制定统一的信息化建设规划和实施方案，建设出科学完善的信息管理平台，将校内的教务、财务、后勤服务以及学生综合事务等系统融合在一起，规范化、标准化，集中管理和储存所有数据信息，使数据信息能够及时传递、分享、有效利用，从而解决学校各个系统的信息孤岛问题，最大化发挥出学生校内活动产生的数据资源的价值。

第二，加强大数据的维护与管理工作。大学生从入学进入校园的一刻起，在校园的学习生活过程中会产生大量的数据信息，具体包括

入学学籍登记、军训记录、一卡通消费情况、图书借阅记录、试验设备使用、考勤、学习成绩、进出学校记录等，这些信息都是由学校的多个部门管理，学生的学籍、成绩管理是教务处负责，学生的日常考核是学生处负责，校园一卡通由后勤处负责，图书借阅管理由图书馆负责等，要构建一个完整有效的大学生管理大数据库，就要重视全员参与，在学校范围内建立起完善的信息员制度，明确责任，根据数据性质类别将责任落实到部门，各部门要设置专门的岗位，负责数据的录入、维护等工作，并制定出完善的数据管理维护制度，规范各部门信息采集、存储、处理及使用等工作。

（三）创新大学生思想教育和校园精神文明建设模式

大数据时代高校辅导员要更加重视校园精神文明建设。网络中数量庞大繁杂的信息中既有积极的、正能量的信息，同时也大量存在许多负面信息和精神垃圾，这些垃圾信息会潜移默化地影响学生的世界观、价值观、人生观，对学生道德素质的养成产生极大的不利影响。

因此，在大数据时代创新对学生的思想教育和校园精神文明建设的方法极为重要。高校辅导员要充分利用各种新媒体手段，实现大学生思想教育工作的个性化、人性化，帮助学生树立正确的世界观、价值观、人生观。可以通过媒体平台、学校网站和论坛经常组织一些社会实践活动。可以通过学校微信公众号，发起正能量的话题讨论，鼓励学生积极参与，利用校园网、学校论坛、微博平台等媒体加强我国优秀传统文化和社会主义核心价值观的宣传，弘扬正气，建立起一种积极向上的文明校园环境，让学生在积极向上的校园环境中学习成长。

四、大数据时代高校学生管理工作的个性化发展

（一）改革管理理念，实现个性化管理

在大数据的时代背景下，以往的管理模式必须要做出变革。首先要引进数字化、信息化的管理方法，使管理人员的思想观念做出改变。管理人员要主动在互联网上搜寻需要的数据信息，加强对所需数据的敏感度。高效管理要与学生的个性化需求紧密结合，学校的管理工作

是为了更好地服务学生，那么在管理中就要注重学生的想法，比如在对图书馆的管理中，要结合学生的借阅记录和搜索历史来了解学生的需求，并为学生推荐相关的书籍，这就是个性化管理的一个表现。

而要想使管理者的管理方法更加科学，也可以对他们进行培训，让优秀管理者分享自己的经验，同时向其他学校进行学习，学习他们信息化管理的方法，也可以利用互联网进行师生间的互动，吸取学生的建议，使教育工作的管理变得人性化和个性化。

（二）引入新技术，建立信息管理制度

互联网技术的发展改变了传统的信息交往模式，在进行高校管理时更要加强对新兴媒体的使用，比如学生喜欢的微博、微信也可以运用到管理上来，学校可以建立公众号来传递学校的信息，同时也能收集广大学生的数据信息，这样不仅使学校管理更加便捷高效，也更有利于师生互动。

大数据时代下，还有一个不容忽视的问题，就是数据信息的安全问题，保障学生信息的安全是学校有效管理的前提，所以高校要建立健全信息管理制度。管理人员在使用学生的数据信息时，要注意是否会侵犯学生的隐私，同时要规范管理者对信息的使用，避免学生的数据信息泄露，加强管理者对数据的重视程度，通过新兴技术保障信息的安全。

综上所述，大数据时代下高校学生管理工作面临着全新的挑战，高校辅导员应该不断提升自己的信息化管理水平，学校层面必须有效构建出规范化、标准化的信息化管理平台，要重视学生思想教育和校园精神文明建设，营造向上、文明的校园环境，从而使高校学生管理信息化工作不断规范发展，促进高校学生管理工作的个性化发展。

第三章 大数据时代高校教育教学管理模式的改革与发展——信息化管理

第一节 高校教育管理概述

一、高校教育管理的内容及本质

(一)教学管理的组织系统

教学管理组织系统是教学管理群体为共同目标的达成,利用权责分配、层级统属关系与团队精神构成的可以实现自我发展与调节的社会系统,用于解决谁管理与如何管理的问题。管理体制是指组织机构安排、隶属关系与权责规划等组织制度体系化建设。要想充分发挥教学管理组织功能,就要从根本上优化管理体制,促进组织结构的科学合理建设①。

要构建教学管理组织系统,保证该系统工作可以顺利高效地开展,灵活创新地运行,一定要打造高素质的教学管理队伍,明确机构设置,确定岗位责任。

(二)教学管理的本质

从本质角度上进行分析,教学管理是在高等学校系统中,以教学子系统为研究管理对象,组织应用有限资源,科学安排教学过程,优化资源配置,提升教学效益。

(三)教学管理的基本任务和职能

从基本任务上看,教学管理需要严格遵照教育教学规律,做好教

①瞿维中.新形势下的高校后勤管理[M].长沙:中南大学出版社,2019.

学管理系统规划,运用现代科技和现代化管理方法对所有教学活动实施动态和目标性管理。与此同时,强调要发挥管理协调的巨大价值,调动各方参与主动性,确保人才培养进程当中教学任务顺利完成。

教学管理职能主要是"决策、规划,组织、指导,控制、协调,评估、激励,研究、创新",这些职能之间有交叉,同时也有着密切的内部关联,共同构成了一个有机整体。

(四)教学管理内容体系

想要真正做好教学管理,提升管理质量,其核心在于管理者清楚知道要管的内容,重点管的内容以及如何能够管理好。教学管理本身是一个整体,教学管理内容体系,从多元化角度出发进行体系框架的表现。

就教学管理、业务科学体系而言,可以归纳成四项,分别是教学计划、教学运行、教学质量管理与评价、教学基本建设管理。如果将教学管理职能作为划分标准的话,包含控制协调、评估激励、研究创新、决策规划、组织指导。从教学管理层面上进行分析,涵盖教学改革、教学建设与日常管理这几个部分。

二、高校教育管理的原则及指导思想

(一)高校学生管理的理论根据和指导思想

管理科学化在提升管理效率与教育质量方面意义重大。管理科学化的实现,依赖于与客观实际相符的,人性化与规范化的管理制度,而这些均离不开科学管理思想。科学化的管理思想共分三个层次,分别是认知理论的管理思想、管理遵照的基本原则与实践中运用的方法。

1.管理思想

管理思想是关于管理的观点、理论或观念,是管理理论与实践整合于人头脑的一种反应。管理思想能够对管理实践发挥重要指导作用,思想是行动的先导。

高校学生管理是教育管理的重要组成部分,管理思想应该和教育管理思想一致,均为复杂综合的重要理论课题,也应确定理论前提,与一定的思想理论进行紧密关联,以便确定基本方向。站在哲学的角度进行分析,高校学生管理思想主要包括如下几个方面。

(1)运用相互联系的管理思想

高校学生管理属于社会现象,具有很强的综合性与复杂性。假如站在宏观角度上研究的话,高校和社会、家庭乃至于整个时代都是存在密切关联的,广大高校学生也不是孤立和隔绝于世的,因此高校学生管理会涉及社会、家庭,在影响时代的同时也受时代影响或制约。站在微观角度上进行分析,高校学生管理的各个要素之间,存在着彼此联系与制约的关系。比方说管理和教育间的关系、管理和服务间的关系等,都互相影响与制约。

(2)运用动态平衡的管理思想

管理是一个系统性过程,该过程处在持续不断的发展变化过程中,不仅会受政治、经济、文化等诸多要素的影响,还受高校本身诸多因素的影响。全部都处在不断变化的过程中,管理工作也是如此,在发展过程中不断地完善与进步。另外,被管理者以及被管理者的思想行为、人格等也会在管理过程当中发展完善。因而,将动态平衡管理理念应用到管理实践当中,就要用哲学中的发展观点,做到与时俱进、立足现实、着眼未来。探究新情况,解决新问题。

(3)运用对立统一的管理思想

高校学生管理实践活动当中包含着多元化的矛盾关系,因而要借助对立统一管理思想,处理问题与矛盾。例如,管理者和管理对象间存在着矛盾,要用对立统一思想指导管理实践。

(4)运用实践探索的管理思想

实践是检验真理唯一标准,而实践又是正确认识的主要来源。高校学生管理具有极强的实践性,同时对操作性提出了极高的要求。所以在推进高校学生管理时,必须树立实践意识,培养探究创造的勇气,在实践当中把经验提升为理论,以便更好地指导学生管理实践。不断反复以至无穷,促进学生管理全面进步。

2.指导思想

在对我国高校学生管理指导思想进行研究的过程中,需要特别注意运用以下观点与思想。

第一,坚持马克思主义中关于人全面发展的理论,培育“四有”人才是社会主义大学教育根本任务所在。想要保证研究工作质量,首要任务一定要明确给谁培养人才和培养怎样的人才这两个问题。我国社会主义大学的性质,决定高校培育出的人才要具备扎实科学文化知识与健康的身体素质,要有极高社会主义觉悟。

第二,运用马克思主义关于辩证唯物主义的理论,用对立统一观点对高校学生管理工作进行引导,在管理实践当中贯彻整体观念。马克思主义辩证唯物主义哲学是所有社会与自然科学的理论根基。马克思主义方法论与认识论渗透在全部社会与自然科学中,因而必然渗透在高校学生管理中。要利用对立统一观点,明确管理整体观念。

第三,利用高等教育与现代科学管理理论指导学生管理,推动管理科学化。现代治校理念要求,要运用现代科学进行学校与学生的管理。

第四,继承发扬我国70多年来高校学生管理的成功经验,吸收借鉴经验财富。中华人民共和国成立70多年来,高校学生管理实践当中积累的大量成功经验与宝贵成果,是如今学生管理的财富。

(二)高校学生管理的原则和基本方法

原则是客观规律的反映,是观察与处理问题的根本准绳。社会主义大学管理的重要原则是学生管理内在规律的体现,不是主观臆造的。在整个学生管理体系当中,管理原则地位十分关键,有承上启下的作用,为管理目标与实现目标手段搭建了桥梁,是运用有效方法推进管理实践的根本要求。管理原则与管理目标、过程、方法、制度、管理者等要素,存在紧密关联,同时处于指导地位。

1.高校学生管理的基本原则

(1)学生管理工作方向性原则

管理是有目的的一种实践活动,实际管理工作一定要具备方向性。把社会主义方向作为根本准绳,是我国学生管理的本质特征。我国是社会主义国家,要将高校变成社会主义性质育人平台。社会性质形成了对学校性质的制约,所以决定学校所有管理活动的性质,所以高校学生管理一定要坚持党的领导，走社会主义道路，坚持邓小平理论、“三个代表”重要思想、科学发展观、习近平新时代中国特色社会主义思想，为社会主义现代化建设培养造就大批合格人才。这是高校学生管理最根本和最重要的原则。

(2)理论与实践相结合的原则

理论与实践结合，坚持实践是检验真理的唯一标准，是马克思主义基本原理，更是高校学生管理基本准则所在。有效领悟与把握马克思主义科学与有关管理原理，掌握其精神实质，是做好学生管理的基础与前提条件。但管理原理、应用范围与实际价值会受诸多因素制约。

党和国家在社会主义现代化建设的过程中，拥有基本教育方针政策，在不同时期会结合差异化的特征，提出具体方针政策与实际要求。这些方针政策与实际要求，应该在高校学生管理的措施方法中进行有效体现。但是学生管理科学化，还要坚持从本校实际出发，考虑学生的实际特征，制定出针对性强的方法、策略。

(3)行政管理与思想教育相结合的原则

要培养学生共产主义思想道德，不仅要靠说服教育，还必须持续不断地实施行为训练，让学生养成正确的行为习惯，不然教育效果是无法得到有效巩固提升的。假如规章制度以及行为规范等设置得不够科学，思想政治教育实践就会丧失动力。行政管理在培育社会主义合格人才的进程中作用巨大，给教育实践提供了重要的规范与纪律保障，但具体高校学生管理是借助规章制度与行为规律等，科学指导与约束学生的思想行为。这些制度措施以及纪律表现为社会和高校集体意志对高校学生的要求，还体现对高校学生行为的外部限制。所以，单一借助管理制度解决高校学生群体复杂的精神领域问题不切实际，同时也违背了科学规律。正确管理措施的制定落实，一定要把提升学生认知能力，提高学生遵章守纪自觉性当作基础前提。自觉遵章守纪来自拥有科学、正确的认知，离不开科学化的教育实践。只有利用科学、合理的思想政治教育方式，才能够提升学生纪律执行自觉性，有效提升管理质量与效率。

(4)民主管理原则

社会主义高校学生管理体系中一项非常关键的内容，是要对学生进行自我控制与管理能力的培养，使得学生能够在管理实践中拥有主人翁意识，积极主动地参与管理活动，充分调动学生的主观能动性。为了保证学生自主管理的实现，一定要在学生管理中落实民主管理原则，保证整体目标的达成。

2.高校学生管理的方法

高校学生管理方法是以管理原则作为有效依据，为保证学生培养目标的实现在具体管理环节运用的所有方法、步骤、途径、手段等，通常情况下有以下几种。

(1)调查研究

经常性地调查掌握和了解学生的实际情况，有效选取针对性强的处理方法。在调查研究过程当中，一定要针对调查对象、目的、方法等内容，做好科学规划，不可敷衍了事。在调查过程当中，必须做到实事求是，有效运用马克思主义立场、观点、方法，注重综合性地研究分析调查材料与调查事物。

(2)建立规章制度

在高校学生管理的过程当中，应该逐步建立科学化的管理制度体系，这是确保学生管理工作有章可循的基础。制度建设一定要与高校学生身心特征相符，同时要与整个教育规律及学生管理目标相适应。与此同时，制度要伴随教育改革与进步，持续不断地进行健全，还要维持相对稳定性。

(3)实施行政权限

结合学生管理目标、内容等制订规章制度与相关的行为规范，利用行政方法实施有效管理，通过有关管理部门与师生、员工共同监督检查的方式，促使学生集体或个人与管理目标规范相符。行政方法通常有惩治和褒扬两种。在具体的管理过程当中，针对能够认真遵守相关管理制度，思想行为都与规范相符的个人与集体，应该人力赞赏；对于违规违纪,思想行为不符合管理要求的个人与集体,要给出限制措施,同时要用严格制度惩治行为极度恶劣者。

(4)适当运用经济手段

经济手段实际上是补充行政方法的一个策略。在具体的学生管理环节,给予必要的物质奖励,或者是物质上的惩罚,指的就是经济手段。选用经济手段并不表明行政方法难以确保管理工作的有效实施,是因为经济手段会直接触及学生的物质利益,所以能够发挥极大的作用,而这个作用是行政方法无法代替的。在选用经济手段实施学生管理工作时,不能只关注经济手段奖惩,而忽略日常教育指导与行政管理。也不能只注重经济手段奖励优秀学生,忽略用同样的手段处罚违规违纪学生。更不能只关注处罚而忽略奖励,否则会直接影响经济手段作用的发挥。

三、高校教育管理的意义

教学管理是高校教育工作的重要组成部分,对培养高质量的人才起着重要的作用。这既需要各高校结合本校实际,健全和完善各项教学工作的规章制度,还需要采取措施,确保各项规章制度严格执行。高校实施先进有效的教学管理,离不开高素质的教学管理人员。只有具备一支业务能力强、创新意识强、实干精神强的教学管理队伍,高校的教学管理水平才能不断地提高。

(一)教学管理人员具备的素质能力

现代教育要求高校教学管理必须适应时代的发展,对在第一线的教学管理工作者提出了更高的要求,要求他们具备多方面的综合能力和素质,具体表现在以下几个方面。

1.具备高尚的道德素质

良好的道德素质是搞好教学管理工作的基本条件。高校教学管理人员的道德素质如何,直接关系到学校教书育人的成效。“学为人师,行为世范”,教学管理人员应以自身的思想、学识和言行以及道德人格力量直接影响学生,做到管理育人。

2.具备强烈的责任心

教学管理工作既有较强的连续性，又会遇到新情况、新问题；工作头绪多，任务重。强烈的责任心能产生工作主动性，是教学管理人员必备的品德。

3.具备扎实的业务知识素质

首先，要掌握系统的管理学知识。随着教学体制改革的深入，教学管理人员应掌握系统的管理学知识，按照管理规律办事。采用科学的管理方法，合理地分配人力、物力、财力，提高教学管理工作的效率。其次，要掌握相关学科知识，这是搞好教学管理工作的基础。院级教学管理人员应了解本院各专业的培养目标、课程体系及各教学环节的有关内容。最后，随着科学技术的飞速发展，办公自动化的程度越来越高，教学管理人员应学习和掌握相关的信息手段与技术，如掌握学籍管理系统、教材管理系统、教务管理系统、教学评估系统、毕业证书管理系统的应用及有关日常文书处理软件的使用等，促进教学管理方法的创新，保证教学管理工作的规范化、科学化和现代化。

4.具备较强的工作能力素质

能力是使教学管理活动顺利完成并获得预期效果的基础和保障，能力培养和提高甚为重要。一名优秀的教学管理人员应具备一定的组织管理能力，较强的协调应变能力，利用现代化设备获取信息、处理信息的能力，较强的调查研究能力及团队协作能力等。这些能力是教学管理人员准确评估教学的发展趋势，协调各教学单位之间相互关系，促进教学信息良性流动所应该具备的基本素质能力。

（二）教学管理的重要性

从世界高等教育的发展趋势看，深化教学管理是当今世界高等教育发展趋势的客观要求。提高人才培养质量是世界各国面临的共同课题，高等学校都在思考“21世纪的高等教育应该如何发展”。严格规范的教学管理，特别是加强教学质量的控制，是提高高等教育质量的重要保证，向管理要质量是教学改革的重要任务。

(三)管理队伍建设的意义

建设一支综合素质过硬的教学管理团队,是有效提升高校核心竞争力的重要举措。

随着社会的发展,高校间的竞争越来越激烈。“如何招到更多的优秀学生,如何培养出更多的高素质学生,如何使本校的学生在就业市场占据有利的地位”成为各高校普遍关注的重要问题。而从新生入学、过程培养到毕业生离校的整个学习过程,任何一个环节都离不开教学管理的保障。教学管理队伍实力强,则贯穿于教学过程中的理念就先进,制度就健全,教与学的环境就更严谨、公正,学生掌握的知识和技能就更全面。加强管理队伍建设将使教学质量得到提高和保障,加强教学管理队伍建设是提升学校教学工作水平的必由之路。

教学管理人员是深化改革、推进创新的主要策划者、实施者和监督者。教学管理队伍的水平直接决定了学校教学改革的广度、深度和力度。所以,提高人才培养质量必须要加强教学管理队伍的建设。

第二节 高校教育管理信息化的现状

高校教育管理工作成效事关高校未来发展,在高等教育现代化发展的背景下,利用现代信息技术的优势推动高校教育管理工作创新是实现教育管理现代化的重要举措。互联网时代,教育管理信息化是信息化社会的呼唤,能够有效提升高校教育管理工作的质量,是推动高校内涵式发展的重要举措。

一、新时期高校教育管理信息化建设的意义

现代信息技术的发展使高校管理者的思想观念以及管理者的行为方式发生了不小的变化,在新形势下,高校教育管理工作需要做出

一定的改变,从而更好地适应高校管理工作的需要[①]。

第一,高校教育管理信息化建设可以更好地实现精准化管理。高校传统教育管理大多是采用统一管理的方式,没有考虑到学生性格、能力素质、成长环境等差异,因此在管理过程中比较容易出现管理效率低下、管理不到位等问题。而推进教育管理信息化建设,高校教育管理人员可以使用大数据等技术调查、汇总学生校内学习平台使用情况、学校官方微博留言等,并将这些数据进行可视化处理,能够帮助管理人员进一步把握学生的行为方式,从而对不同类型的学生实施区别化的管理,使高校教育管理工作更具针对性、更为精准化。

第二,高校教育管理信息化建设能够使教育管理工作朝着科学化的方向发展。传统教育管理模式下,管理人员在做出管理决策时一般是根据被管理者的普遍情况以及以往的管理经验得出结论,容易出现经验主义的情况。在这一过程中,管理人员既往的经验也不一定适用当前的情况,进而影响了管理工作的开展。在教育管理信息化背景下,教育管理人员可以利用数据库内的信息做出更为合理与科学的管理决策,制定出更符合学生与教师发展需求的教育管理方案,可以有效提升学校教育管理水平。

第三,高校教育管理信息化建设有助于提升教育管理工作效率。在传统教育管理模式下,高校教育管理决策的确定、实施需要经过层层落实,一旦中间某一环节出现问题便会影响后续管理工作的开展,加之对各个环节缺乏有效的监控,使得问题未能及时得到解决,造成教育管理工作效率低下。

在信息化环境下,管理人员可以利用信息系统发布管理决策,并对决策实施环节进行监控,使教育管理决策可以顺利实施。同时,教育管理人员也可以根据系统内被管理者的各项数据及时调整管理制度与手段,帮助被管理者完善自我,加强其对学校教育管理工作的理解,从而提升教育管理工作效率。

①王菲菲,蔡亚会,陈晓雪,等.大数据时代高校学生教育管理工作的创新路径[J].黑龙江科学,2020,11(21):88-89.

二、高校教育管理信息化建设现状

(一)对教育管理信息化建设认识不到位

要想推进教育管理信息化建设,高校领导以及教育管理人员就需要对教育管理信息化的内涵有较为深刻的认识,需要认识到教育管理信息化建设对高校教育管理工作带来的积极作用,从而树立新的管理理念。

当前,不少高校的领导与管理人员片面地认为教育管理信息化就是在管理工作中简单运用信息化软件,没有从更多的角度去思考教育管理信息化所起到的引领作用。由于高校领导与教育管理人员的认知偏差,在教育现代化背景下,一些学校就盲目地引进了教育管理信息系统,大量添置计算机,却没有考虑所引进的教育管理信息系统是否与本校实际情况适配。

除此之外,还有部分高校领导以及教育管理人员仍停留在传统管理理念上,片面地认为当前教育管理手段可以满足管理工作的需求,加之教育管理信息化建设前期需要投入资金去购置硬件与软件设施,而高校自身教育经费有限,这就使部分高校对教育管理信息化建设望而却步。同时,多数高校教育管理人员也并未进一步学习信息化环境下教育管理理论,没有弄清楚“为什么要开展信息化建设”“如何实现信息化建设”等问题。

(二)教育管理信息化建设缺乏科学规划

教育管理信息化建设是一项系统性的工程,需要高校对此进行细致的规划。高校是由各个学院(系)以及不同级别的部门组成,不同学院(系)以及部门的业务需求各不相同,且这些学院之间是比较独立的。如果每个学院(系)内部都有单独的网络系统,这些系统都有自己的物理服务器,而服务器的运行与维护成本较高,浪费了高校资源。

尽管高校普遍建立校级教务管理、学生管理等系统,但由于系统功能设计不合理,无论是学生选课、查询成绩还是教师备课、上传数据等都需要登录不同的系统进行操作,可能需要进行多次身份认证,操作流程烦琐,也增加了教育管理人员的工作量。因为各个系统并未完全联通，所以相同的文件数据等可能有多个版本，不同部门所拥有的文件数据版本可能存在差异，文件数据不能及时共享，影响了部门之间工作的对接，而且也使得一些部门需要额外花费时间与精力去更新系统内的数据，增加了管理成本。

究其原因，大部分高校在教育管理信息化建设过程中没有进行科学的规划，没有对现有的各个系统数据与业务需求进行整合，没有结合“业务流程再造”理论对各个部门业务流程梳理与再造，各个职能部门之间信息和数据仍无法及时共享。

（三）优质信息化教育管理人才匮乏

高校教育管理信息化工作的推进需要懂管理、懂信息技术、具有教育管理经验人才的支持。当前，一些教育管理人员虽然从事高校教育管理工作多年，但由于年龄较大、认知功能的退化，不懂得也不愿意去学习现代信息技术以及信息化教育管理理念与手段，信息化素养与能力偏低。另有一些教育管理人员是从教学岗位上转行过来的，对信息技术、信息化组织结构的建设不够了解，也不具备研究与熟练使用教育信息化软件的能力。

在信息化教育管理人才培养方面，由于学校领导不够重视、经济使用原则等思想的影响，高校对教育管理人员培训工作中存在诸多问题。从培训内容上来看，培训内容仍以教育理论、管理学理论为主，信息技术的理论以及实操练习较少，教育管理人员信息技术水平并未得到明显提高。从培训方法上看，即使一些高校认识到教育管理人员信息素养低的问题，在岗位培训中也增加了相关的培训内容，但信息技术以及信息化管理理论的教学仍以说教式培训方式为主，管理人员在培训后在实际工作中仍难以熟悉地操作信息软件、信息化管理不够专业。

在人才引进方面，高校教育管理人员大多是从内部选拔的，外部聘用的情况相对较少。同时，一些高校综合实力、薪资待遇相对较差，对社会上优质信息化教育管理人才吸引力较低。即使从外部聘用了优秀人才，但由于教育管理部门中老员工数量众多，且多数工作都由老员工去完成，优秀人才在岗位上无法有效发挥其价值，会影响其工作的自我效能感。长此以往,高校难以留住人才。高校优质信息化教育管理人才匮乏很大程度上是因为高校为优质人才提供的待遇偏低、学校领导不够重视人才队伍建设等。

(四)信息化管理软件开发滞后

当前,多数高校出于资金、技术等因素的考虑,并未全面引进先进的、适用的教育管理信息系统,而现有的信息系统稳定性不强、功能单一、系统内部资源难以实时共享,很大程度上阻碍了高校教育管理信息化建设步伐。

对于一些办学实力较为薄弱的高校而言,这些高校由于资金不足,办公电脑尚未配备完全,更别说引进教育管理信息系统。从已经购买了成套教育管理信息系统的高校来看,所引进的信息系统功能与高校教育管理工作需求仍有着一定的出入,一定程度上影响了高校教育管理工作的开展。

一般情况下,信息系统的开发商大多是根据高校教育管理普遍的需求设计软件功能与运行框架,与高校实际情况存在一些出入。高校熟悉教育管理工作内容,企业掌握着相应的开发技术,但受各种因素的影响,二者想要开发出对高校定制化的产品仍有不少阻碍。另外,市场上的一些针对高校开发的管理信息软件仍不成熟,在大数据背景下,高校管理信息系统面临的网络风险也较高,而现有的部分抵御外部网络攻击的能力较弱,高校在教育管理信息化建设过程中还面临着信息泄露的风险。高校资金不足影响高校信息化基础设施建设,而企业出于成本的考量以及市场风险的考虑也不愿意积极研发适合高校的信息管理软件,这是信息化管理软件开发滞后的重要原因。

三、高校教育管理信息化建设的优化策略

高校教育管理信息化建设是保证高校教育教学质量、实现人才培养目标的重要举措,为了更好地建设高校教育管理信息化,针对上述问题,作者认为应从意识层面、规划层面、人才建设层面、管理工具层面以及校企合作层面入手。

(一)树立教育管理信息化发展的理念

推进高校教育管理信息化建设需要高校领导、教育管理人员以及其他人员转变教育理念,需要客观地认识到教育管理信息化建设的重要性与紧迫性。高校校长等领导是高校教育活动的重要决策者,需要具有教育信息化建设的优先意识,合理配置财力、物力等,带头推进教育管理信息化建设。因此,应该加强对高校领导的培训,定期组织学校领导以及各个学院的院长等参与专题讲座,让其认识到教育管理信息化建设对学校教育管理工作带来的突破性变革,提高其对信息化建设的重视程度。在培训的同时也应该在内部加强宣传教育,引导领导对教育信息化观念认识到位。

高校教育管理人员在高层领导的示范下应该树立高校教育管理的大数据观,深刻认识到大数据技术对教育管理信息化的推动作用。第一,教育管理人员应该充分认识到学生、教师数据的价值,重视对历史数据的收集、整合与分析,并结合其他外部数据分析当前教育管理工作中存在的问题。第二,教育管理人员还应该了解、掌握大数据处理与分析数据的运作流程,将其作为高校教育管理工作中的重要信息来源。在运用大数据等现代信息技术过程中,教育管理人员以及其他部门还应该树立信息共享理念,合理借鉴国内外高校教育管理经验,打破学院、部门、人员之间的限制,不断推进信息技术与教育、管理以及人的融合,不断探索内部信息共享机制,践行共享开放的理念,从而提升教育管理效率。除此之外,教育管理人员在运用大数据等信息技术开展管理工作时还应该注意数据的隐私性。在互联网时代,网络入侵技术不断升级,一些人利用系统漏洞盗取信息非法牟利的现象屡禁不止,因此教育管理人员在运用信息技术以及网络平台时需要谨防相关信息数据泄露等风险,注重保护被管理对象的隐私。

(二)加强教育管理信息化建设规划

教育管理信息化建设是一项长期的工程,需要高校以长远的目光去设计、规划这项工程,使教育管理信息化目标能够尽快实现。高校如何推进教育管理信息化建设需要高校制定出合理的发展战略,从而更好地指导后续各项工作的开展。在发展战略中，比较重要的两大部分是高校教育管理信息化建设的资金以及决策问题。

借鉴国外高校的经验，高校应该健全教育经费投入与分配机制，利用校友会、外部投资等方式解决资金来源问题；根据“去行政化”以及一些政策性文件构建多方参与的民主决策机制。由于我国对教育管理信息化的研究起步较晚，缺乏经验，这就更需要高校在信息化建设初期对系统内各个要素进行科学的设计，以发展的眼光去看待问题，例如资源分配、校内外合作中利益划分等问题，使学校领导、教育管理人员、教师与学生都能够积极参与到教育管理工作中。

在确定教育管理信息化发展战略后，高校还应该进一步调整相关组织领导，建立专业化管理机构。2018年教育部下发了《教育信息化2.0行动计划》，文件中指出地方教育部门需要完善教育信息化工作领导机制，各类学校应该积极推进由校领导担任CIO制度，进一步统筹学校信息化发展。《计划》中还指出各类学校应构建信息化统筹协调的领导体制，做到网络安全和信息化统一谋划，完善网络安全问责制度，提升我国教育的国际影响力。在这一背景下，高校应该重新调整领导架构，推动教育管理部门向服务创新型信息化部门转变，使教育管理工作与信息技术可以更好地融合。高校也应该积极寻求与地方教育部门以及其他政府部门的合作，一同探索CIO制度的运行机制，使其可以更好地适应本校发展形势与要求，为学校领导层的科学管理提供决策支持。值得注意的是，高校所选拔的首席信息官不仅要具有较强的领导能力、规划能力与管理能力，还需要积极主动的工作态度，可以较好地上传下达各项改革决策、方案或意见，能够根据校内外环境的变化及时优化与创新教育管理信息化建设工作。

高校教育管理信息化建设还需要有比较清晰的发展架构，使各项工作能够有序推进，整个工作可以顺利进行。在这一方面，我们可以借鉴国外一些高校的经验。例如美国麻省理工学院开创了开放课件项目，即为教师、学生、自学者以及其他人员提供大量的开放式课程。在这一项目中，项目团队包括将提供课程资源的教师与提供技术等服务的职员，而整个团队的协调与配合都是围绕着两大主体进行。而团队中的教师是充分认同麻省理工学院项目理念、对教学充满热情的教师；工作职员的配置也是按照岗位需求、项目目标等安排的，从而使整个团队可以高效率地开展工作。整体来看，麻省理工 OCW 项目体系结构较为完整，项目团队各司其职，为学校教育管理信息化发展提供了有力的保障。因此，高校可以借鉴其经验，结合国务院、教育部下发的文件，立足学校实际情况确定教育管理信息化发展构架，以“问题”为导向，兼顾效率与公平，在考虑到各方利益的情况下确定、调整与优化实施方案。

（三）加强信息化教育管理人才队伍建设

教育管理信息化建设需要高素质人才的支撑，因此高校需要重视信息化教育管理人才队伍建设。对于已有的教育管理人员，高校可以通过“传、帮、带”让教育管理人员结成对子，让有丰富管理经验的人员指导经验、技能欠缺人员，帮助其尽快掌握信息化教育管理技能、学习新知识，提高管理队伍整体水平。高校也要重视现有教育管理人员的继续教育，重视对教育管理人员的培训，利用教育管理人员业余时间组织其前往其他高校参观、学习，与其他学校教育管理人员进行交流，学习经验。鼓励与支持管理人员参与各类专业的学术活动与交流活动、获取相应的技术资格证书，不断提高职业技能水平。高校还可以邀请信息技术专家以及其他院校信息化教育管理人才前来学校举办专题讲座进一步指导与培训，进一步提升教育管理队伍水平。

高校在加强对教育管理人员培养的同时，还应该重视对优秀信息化教育管理人才的引进。首先，高校应该拓宽优秀信息化教育管理人才引进渠道，通过招聘会、网络招聘等方式选择与聘用优秀人才，将信息化教育管理人才纳入学校高水平人才引进计划中，将优秀人才薪酬制度与市场接轨，提高高校对外部优秀人才的吸引力。同时，高校还应该不断完善用人机制，合理设置岗位，进一步优化部门人员的年龄结构，使优秀人才可以更好地在岗位上发挥其价值。

对教育管理人才队伍进行科学的管理，对于提升队伍整体素质、促进人才队伍健康发展具有重要的意义。因此，高校还应该建立健全人才管理机制。一方面，高校需完善教育管理部门用人制度，实施竞争性上岗制度，对于一些服务型强的管理岗位可以侧重技能、适当放宽学历要求；对于多次违反岗位管理要求、考核不过关的管理人员调职处理。另一方面，高校还需要健全教育管理人员绩效考核与激励机制。在对管理人员实施绩效管理过程中，绩效考核指标应该根据教育管理信息化建设的要求、特点、岗位职责等进行设计，并将各项指标考核结果与待遇、评优评先等挂钩，提高管理人员工作积极性。对教育管理人员考核重点应该根据具体级别、岗位职责而定，大体上从知识、工作绩点、工作态度、工作能力、职业道德、发展能力（团队意识、配合度、学习意识等）这几个方面进行考核，针对性、差异化的设计不同指标的权重，保证人员绩效考核的公平性、客观性，也有利于提升高校信息化教育管理队伍的稳定性。对于完成岗位基本工作并完成其他工作量或者是在岗位上表现突出的员工，部门领导应该给予物质、精神激励，及时肯定其表现，在日常工作中也应该加强对管理人员的人文关怀，从而增强教育管理人员的成就感与认同感，减少高校优秀信息化教育管理人才的流失。

（四）完善教育管理信息系统

功能多样、运行稳定的教育管理信息系统是高校推进教育管理信息化建设的不可或缺的基础设施，如此才能有效加强高校各个部门的沟通，减少信息不对称的情况，提高教育管理工作效率。高校应该加大对电脑、打印机等基础硬件设施的投入力度，利用校友会、校企合作、社会捐款等渠道尽可能地解决资金不足问题，优化资源配置，改变以往单纯依赖人工开展教育管理工作的方式。对于正在使用的教育管理信息系统，高校教育管理部门应该联合信息技术部门共同调查、收集、处理与分析系统运行以及功能等方面的问题，从而提出针对性的改进意见，使学校信息技术部门人员可以及时更新与优化教育管理信息系统。

（五）以校企合作推动信息化建设

教育管理信息化涉及管理学、教育学、信息技术等多个领域，需要高校长期规划与建设，在建设过程中也面临着各类风险。考虑到企业比高校更擅长信息技术，而且大型企业的资金实力比较雄厚，因此作者建议高校加强与地方大中型优质企业合作，告知企业自身的教育管理信息化建设的需求与发展规划，与企业签订校企联合软件开发协议，与企业一同研发信息化管理关键技术，积极与企业协商与沟通，定制开发教育管理信息系统，使系统更符合学校教育管理需求以及流程。在这一过程中，高校还可以培育自己的技术团队，不但能够学习企业在软件开发、管理等方面的经验，而且可以推动校企之间技术资源共享，可以考虑在此基础上建立基础数据共享中心，这对于双方而言都是十分有利的。

互联网时代下，高校推行教育管理信息化建设是发展现代化教育、实现高校内涵式发展的必然举措，高校教育管理信息化建设可以更好地实现精准化管理，能够使教育管理工作朝着科学化的方向发展，可以提升教育管理工作效率。针对当前高校教育管理信息化建设中的认识不清、规划不足、优质信息化管理人才匮乏等问题，高校领导、教育管理人员以及其他管理主体需要客观地认识到教育管理信息化建设的重要性，加强学习，转变传统的教育管理思路；高校需要重视信息化教育管理人才队伍建设，建立健全人才管理机制，加大对优秀信息化教育管理人才的引进力度；加大对基础设施的投入力度，完善教育管理信息系统，积极寻求与优质企业合作，进而推动高校长远健康发展。

第三节 大数据时代信息化发展推动高校教育教学管理模式改革的策略

一、创新高校教育管理体制

（一）高校教育管理体制需要在信息化下进行改革

管理系统包括三个方面的内容：隶属关系的确立、组织结构的建立和管理权限的划分。

时代的发展要求改变传统的教育管理体制,加大体制创新力度。在当今信息时代,学校的环境变得更复杂、更多样,这要求学校的管理方式既要多样化,也要兼顾个性化。传统的教育管理体制不灵活,无法有效适应内外部环境的多元化变化。

新技术环境冲破了原有教育结构的刚性布局,信息传达形成了灵活多变的结构和扁平化的信息传递渠道。因此,对传统校园教育管理体制进行改革是有必要的。

在改革过程中,信息技术提供了强有力的支持,为教育管理体制改革注入了新的活力,在学校管理组织体系中应用广泛。广大师生都是网络信息技术的拥有者,他们具备参与改革的知识和能力,是教育管理体制改革的领导者。同时,信息社会的到来,让教育管理者开始面临极大的挑战,也提高了对他们综合素养水平的要求,需要他们与时俱进,不断适应新时代,抓住机遇迎接挑战[①]。

(二)高校教育管理组织机构的变化

我们可以从以下几方面对组织的结构进行评价:①责任性,组织的每个成员都应该对组织负责。②适应性,组织要经常随时间不断变化并进行革新。③及时性,要及时完成工作,速度要快。④响应性,对组织外部环境需求要及时响应。⑤效率,组织成员要可靠地完成任务,还要有最小的出错率,并且要考虑到资源的经济性,简单说就是又快又好。

根据以上几项要求,需要一种扁平化的教育管理组织结构,对官僚制组织结构进行改革。高校教育管理是指要取消教学机构管理组织中的大部分中间管理层,加大管理组织的扁平化,以达到减少中层管理团队的目的。

(三)高校教育管理权限的重新划分

在高校教育管理组织环境下大数据趋于简化,但组织关系更为复杂,这是因为缩减机构、降低管理人员的数量,导致机构之间、管理人

①刘雪利. 互联网背景下高校管理工作要点探讨[J]. 教育教学论坛,2020(45):17-18.

员之间以及机构和管理人员之间的关系更为复杂。这时,如果日常管理权继续收归中央机构,它就变得难以维系,中央机构就必须把部分管理权下放到下层。

就高校而言,高校层面是宏观层面的管理,教学质量和高校协调控制是否有效有着非常紧密的关联,所以高校应对整个学校的所有专业进行很强的管理,并施行对应的方针政策,这样才能为整个教学过程进行有力的保障和支持。

二、改革和完善高校教育管理

(一)引入先进的管理思想

只有在先进管理理念的指导下,教育管理才能发展起来。在信息化时代,高校教育管理者除了要具备教育管理能力,还应具备先进的管理思想。

第一,主动适应的思想。主动适应思想是指教育管理工作应主动适应社会发展的需要,随时随地捕捉信息社会对人才的需求,及时调整教育管理思路,顺应时代的潮流。主动适应性思维将成为高校教育管理的指导思想,教育管理的主动适应性思维是强调适度分权,针对内部要素和外部环境的变化采用灵活的态度来应对。

第二,人本观念。学校管理的核心在于教学管理。人本观念首先体现在管理过程中将法人主体地位放在首要位置,促使教师和学生在工作和学习的过程中充分参与到管理实践当中,让他们在参与的同时,获得身心综合发展的能力、知识等。教师和学生的创新充分挖掘了潜能。因为学生是学习的主体,教师是教学的主体,他们拥有积极创造的内在潜能,对于提高教育管理质量来说,意义重大。所以,在具体的管理环节一定要注意激发师生创造力,充分调动他们的主观能动性,在所有的管理活动当中要实现全方位的注意和把控,以便有效提升教育质量。

第三,全面质量管理理念。究其根源,全面质量管理理念可追溯到美国公司管理思想。全面质量管理是一个组织,把质量当作核心,将全员共同参与作为根基,目的在于让顾客满意并且组织中全部成员得到社会受益而获得持续成功的路径。

(二)利用信息化手段改革教学计划的管理方式

要深化教学改革,第一步要做的是改革教学计划。只有好的教学计划才能保证好的教学质量。制订好教学计划,是建立教学体系、安排教学任务、组织教学过程的基础。教学计划一般是在国家相应教育部门的指导下,考虑全局效益,由教育学家或相关人员独立制订的。教学计划都符合教学规律,一段时间内稳定不变,但长远来看,也要不断及时调整和修正,适应社会的新发展以及经济和科学技术的进步。

信息化时代要求我们紧跟时代潮流,准确预测社会对人才要求的改变,培养符合国家要求的人才。要达到这一目标,我们应该加强对信息技术手段的合理化应用,科学设计教育规划,并对其实时监控和及时反馈,制订对教学方案的评价标准,使高校毕业生尽量满足社会的要求。

(三)大数据环境下高校教学计划的制订

第一,教学计划应该满足以下几点要求:①客观性。要尽量按社会主义市场经济的要求,设计多种人才培养模式,也要尽可能多地考虑到未来环境的变化,设计多种智能结构。②灵活性。学生要找到适合自己发展潜力的模式,学校要尽可能提供不同种类的多种模式。

安排教学时,需要充分合理地应用好信息技术,让学生拥有一个充分选择的空间,也要针对不同学生的不同特点设计符合其个性的教学过程。应该将学生培养成这样的人才:整体素质高,基础扎实,专业能力也不差,注重知识的全面发展,能借助网络拓宽眼界,丰富知识面,拥有终身学习与可持续发展的能力。但必须承认,对大学生的各种类型的要求不可能有一个统一的标准,我们要鼓励自由发展。

第二,制订教学计划的一般程序。对人才培养目标和业务类示范进行专业分析;了解有关文件精神和规定的注册研究;提出意见和部门、学校教学计划的要求;主持制订教学纲领,系(院)教学委员会进行审议,由学校教学工作委员会复审核查,核查签字后由执行校长签字确认。

第三，大学教学计划的内容主要包括以下两个方面：确立合理的专业培养目标，设置合适的课程。因为专业培养目标的质量标准、课程的设置与人才的发展息息相关。

信息时代下，高校要实施教育教学管理首先应相对稳定和严格地执行教学计划，为此可以制订以下两条准则：①将教学计划分为学期教学计划和年度教学计划，制订工作表，安排好每个学期的教学任务、教学教室等。②由相关部门制订教学组织计划，如社会实践计划、实习计划、实验教学计划、培训计划等。要有适当的政策和环境以及保证教学基础设施，还要有教育管理和教师、学生相配合，这分别是教学计划顺利实施的内外部条件。

在这个过程中要把握五个方面：一是要切实维护教学计划的严肃性和权威性，严格遵守教学计划，可以适当调整；二是在具体的实施过程中，严格选择计划材料，遵照教学大纲的要求；三是加强教师群体的力量，确保教学第一线与教学计划一致；四是制订教学质量评价方案并严格监测执行，可以借助信息技术建立自动的监测和反馈系统；五是教学组织与管理要严格按照教学计划进行。

(四)改革学生的培养方式与管理模式

大数据环境下改革学生的培养方式主要体现在以下三个方面。

第一，在教学中促进“参与式”教学法。该教学法主要以提问式教学活动、开放性内容为特征，问题无标准答案，作业、论文也很少甚至没有，能带给学生自由思考的充足时间和空间。利用网络技术和计算机技术收集相关信息来解答问题，通过对问题的解答完成知识学习与内化。在这样一个学习实践活动当中，学生不但掌握了借助网络解答各种问题的能力，而且学会了与“问题”有关的知识。同时，因材施教，针对学生自身的特点确立恰当的培育目标，设置严谨学习规划，尽可能让每一个人都能得到很好的发展。

第二，努力培养学生的社会实践能力，加强实践教学。

第三，鼓励学生跨学科学习，培养全面型人才。当今社会，随着信息技术的发展，新的学科不断涌现，这些学科大部分是由学科交义形成的。建立交叉学科培养机制，培养学生跨学科背景。在基础学科和谐的高校中，打破不同专业教育壁垒，创建跨学科教学的培养机制。

（五）加强课程教学管理改革

在信息时代，知识变得越来越重要。高校课程体系优劣评估要特别注意：一是课程体系的整合，对不同学科之间的课程研究越深入，整合程度越高；二是课程体系的完整性，课程越多，内容越丰富，体系越完整；三是课程体系的可持续发展，是指随着科学技术的变化和发展，社会课程体系要及时自我调整和自我更新；四是课程体系的平衡结构，课程体系的平衡是指层次结构和内部关系以及相互之间的配合度。

根据这些指标，在优化课程体系时，我们应该注意以下几点：①注重更新教学内容，教学内容要具有思想性、科学性、前沿性和创新性。②要重视跨学科课程建设，重视理工科类和文学类学科的相互渗透，密切关注综合学科和交叉学科的创建。③要重视总结近年来课程体系改革和教学内容的成果和经验，并从中吸收有用的成分，积极扩展教学内容，进行教学改革。④注重课程比例的合理设置。

（六）教学评价体系的科学化和规范化的建立

教育评价中教学评价是至关重要的，教学评价就是依据特定的教学目标在一定的教学系统里搜集信息、精确理解，最后再科学全面地分析，从而让评价能客观有效，并使教学质量的提升能有一个依托，也为改革提供一些凭据。教学评价的教学意义十分重要，它可以用以指导，也可以帮助决策，还能进行适当的反馈。

1. 教学评价的对象和主体

依据高校教学的特点，教学评价的体系应当全面且多元化。教学评价的对象和主体是首先要清楚并确定的。一是教学评价的对象。按评价对象教学评价可分为三种：整体教学评价、专业教学评价和教学评价。对一个学校进行教学评价要有宏观的观点，对环境质量、办学水平以及专业人才进行全面的评价；对专业的学校和教学水平进行深入而全面的评价就是教学评价，主要应注意教学质量和办学特色；

对综合素质进行微观的评价亦是教学评价,而较为基础和重要的是高校教学的评估,此处说的是关于课堂的教学评价。二是教学评价主体。主体多样才能更全面而深入地进行评价,有自评和他评,还有学科专家、管理干部、领导和社会对教学进行评价。

2.教学评价的评价标准

要有不同的评价标准。对于学生而言,不同情况标准应不同,如学校、专业和年龄等。

第一,个别学生的多样性。个别学生差别甚大,不仅和遗传有着非常密切的关联,后天环境因素以及后天接受的教育水平也扮演着重要角色,每个学生对于自己的认识还有自己付出的努力的不同,都形成了独特个体。

第二,学生的来源不同。我国的高校教育正朝着大众化的方向发展,很多社会上的人进入学校,对于素质各异的学子的要求也是不同的。

第三,信息化水平的提升,促使信息获取路径呈多元化的发展态势。

三、建设高素质的教育管理队伍

不同的原因影响着教育管理的质量,包括人力、财力、物力、信息等。教育管理者是上述因素中首要的,因为人是主体更是管理的第一位因素,制定教学有关规划和纲要以及安排学习内容、课程安排、教材预订等,还有学生的考试、毕业设计、实践等,各个阶段都不能没有教育管理者的参与。基于大数据时代的情况,教育管理质量日益受到多方面影响。想实现管理的效能,高素质的教育管理队伍是至关重要的。

(一)当前高校教育管理队伍素质状况分析

下面从教育管理人员素质现状和教育管理队伍素质现状两方面分析教育管理团队的素质。

1.教育管理人员现状

高校教育管理人员指计划、指导和协调大学的研究教育、学生管理和服务以及其他教学活动的人员。

目前教育管理人员的素质存在以下问题:①知识结构不完善。很多教育管理人员没有系统学习关于教育、管理及心理学的学科知识,甚至没有相关岗位的工作经验,还极少有深造的条件。②知识更新慢。在传统的教育管理理念下,教育管理人员只负责工作的事务,不必具备过多专业化的知识技能。在这种思想的影响下,绝大多数的教育管理人员都不学习和改进个人工作。还有很多人拒绝接受新知识以及实践的学习,无法追赶上时代和教育管理改革步伐。③高校管理者较之教师,工作时间、薪酬、职称不一样,使得很多管理者出现心理问题,特别是情绪不好,幸福感缺失,导致教育管理者通常缺乏创新意识与创造力。④信息管理意识淡薄,管理效率低下。

2.教育管理队伍现状

一是高校教育管理队伍整体素质低,流动性强。以往的高校教育管理领导干部基本上来自教学或研究前沿,他们不重视教育管理,对管理业务更新的机会不大,流动过于频繁。二是高校教育管理队伍结构不合理。目前,教育管理团队满足不了时代要求,教育结构不合理,知识结构和能力结构欠缺。

(二)大数据环境下对教育管理人员的素质要求

知识密集、高新技术、人才聚集、思维活跃、信息渠道十分畅通,这些都是高校的特点。随着信息技术的快速发展,所有的教育管理人员的素养也有待提高。各教育管理人员应该做到以下几点。

第一,树立强烈的服务意识。管理的本质就是服务。教育管理人员不能把自己作为掌握权力的管理者,而应该作为一个服务者,服务学生,服务教师,服务教学,进而服务于崇高的教育事业。

第二,掌握教育理论和专业知识。身为教育管理者,教育的科学及其规律是基础,一些专业的知识必须掌握,如教育学、教育心理学、管理学和大学教育学等,如此才能让科学教育和教育管理得以实现。高校的管理人员要具备充足的理论知识,同时要掌握高等教育改革的理论。再者,必须具备相关专业知识。进行教育管理工作,是对学校现在的一切资源实现有效而科学的管理,所以必须学习相关专业知识,包括现代计算机方面有关管理的方法和档案的知识等,才能应对教育管理工作操作的复杂性。

第三,掌握现代信息技术,具有良好的信息素养。随着现代信息技术的飞快发展我们必须掌握不断更新的技术,这样才能使管理效率不断提高。教育管理人员不仅要拥有极好的信息素养,还要会顺利使用现代的信息技术。

第四,具备较强的管理能力。首先,组织决策能力要比较强。当今社会,教育体制改革在不断加强,只有教育管理者具有较强的组织决策能力,才能制订教学计划,制定切实可行的政策措施,对整个教学过程进行加工,并结合学校自身的优势做出科学合理的决策。其次,教育科研能力要强。查找资料,深入研究,准确把握国内外各大高校特别是精英院校的教学情况以及世界教育改单的趋势;要处于教育管理、教学第一线,或参与课堂教学,经常了解教学情况,对高校教学进行调查和研究,掌握整个学校的发展趋势,做好教育管理。同时,“教育管理是一门科学”,实施教育管理和教学研究,是教育管理的共同任务。为了正确地管理,提高教育管理的质量和效率,研究者和教师有必要研究教育管理的特点和规律。最后,要勇于创新,敢于开放,培养良好的集体合作能力。教育管理应该与时俱进,而不是一成不变的。

(三)进一步提高教育管理团队的全面素质

在信息时代,只有提高教育管理队伍的素质,才能促进高校的进步。怎么拥有高素质的团队呢?笔者认为要做好以下几方面工作。

第一,教育管理质量的培养。由于教育管理团队是由个人组成的,所以建立一支高素质的管理团队,全面提升教育管理者综合素质是重中之重。培训教学质量管理人员要做好以下几项工作:一是岗前培训,可以邀请有资质的教师和专门的人员进行培训,之后,还应当深化知识的掌握。二是面向在职人员,坚持在职学习的原则。三是要有意识地提高他们学习的意识和能力,教育管理工作者能掌握一线教学的情况,促进教师教学实际情形的发展,不断学习。

第二，必须提升高校教育管理团队的素质，让整体进一步发展，这关系到教育管理人员的个人素质，而且关系到教育管理队伍的整体状况。如果结构合理，彼此促进，会让人们有更多的集体感，同时利于凝聚力与向心力的加强，便于人们积极主动地去创造和发展，使得教育管理队伍整体作用更好。可见，教育管理团队的结构与组合是提高教育管理团队素质和整体效果的关键。

第三，建立竞争和激励的制度来引导管理干部，从而提高积极性。责任、制度和奖惩是岗位责任制的三个主要环节。在管理中，责任制是管理制度的核心，不同岗位相应要承担的责任也不同，因此对不同员工有不同要求，要组成一个合适的团体就要对不同的人进行不同岗位和要求的选择。另外，需得严格地对员工进行考核，从而对员工的技能和态度有所把握和了解。定期考核，及时鼓励，奖励合理，全面推广，实行相应的政策将对教育管理人员积极性的提升起很大作用。

四、与大数据紧密结合

（一）完善教育管理制度

教育管理系统是根据国家教育法律、法规等，由上级领导部门决策并制定条例与规则，作为教育的一个重要手段，维护正常的教学秩序，是一个国家的教育政策和制度的组成部分。

（二）校园网推动教育管理的作用要发挥好

环境是基础，教育管理的基础就是校园网络平台的建设。如今的教学离不开这个信息平台：一要特别注重校园网络的作用，尤其多考虑整体的发展，合理进行计划；二是统筹设计，充分考虑并实行网络的开拓软件开发和校园网建设；三是软硬件要结合起来共同建设，由于设计软件耗时长，在进行网络改进时耗费时间会更多；四是专门应用，三点技术，七大管理，如此才能达到最好效果；五为加强深造培训。

（三）教学要有足够的投入

如果没有丰富的物质资源作为根本支持，就无法保证价值的发挥，正所谓“巧妇难为无米之炊”。学校经费是教学运行的基础，好的高校一定是有充足资源的。

事实上,高校对人才的培养,不仅要求硬件资源,还要求有软实力的投入,只有两方面兼具,才能实现高效率的管理。如今,有一些途径可以用来改进教学:第一,不单单依靠政府投入,建立各种投资系统,从不同主体入手,寻找不同方法;第二,合理划分经费投入,校园管理层认为教学是重点,导致了费用的不合理分配:第三,待遇从优,使得教师没有后顾之忧,专心致力于教学,改变教师短缺的现象;最后,加强学生管理,增强学生学习的动力和压力。

第四节 信息技术支持下的高校教学管理模式改革的发展方向

一、绪论

高校教学管理部门本应承担着高校人才培养目标指向和为高校发展提供保障的责任,然而现有的教学管理机构似乎更忙碌于协调各种教学活动与师生之间的矛盾,没有发挥其最大的作用。随着信息化技术的引入,教学管理重心应该也必须进行转移,回归其本质任务。那么如何更好地利用现有技术,更为高效地解决事务性的矛盾,让整个部门能够有更多的精力投入到高校发展贡献中去,这就需要我们思索信息化与高校管理的本质。

高校信息化已经发展几个年头了,但是同时也出现了很多矛盾,其中最突出的应该就是呆板的机器,与过去的人工操作相比,高速之余高效不足,缺乏人性化思维。高校信息化就是一把“双刃剑”,在减轻部分管理工作的同时,也带来了许多困扰。

二、信息化下凸显的管理矛盾

信息化背后是管理者的思维跟不上时代的速度。当管理者的思维还封闭在原有的管理模式上面,信息化的引入将不能起到加速作用,而是将管理带往另一个错误方向的问题。

第一，利用高速便捷系统，简单处理复杂问题。以学生选课为例，在学分制的管理模式下，一般分为两大类：必修课、选修课。必修课问题不大，大部分学生已经按专业分配好资源，而选修课的选课问题就十分严重，特别是全校性选修课，资源有限全校共享，那么如何分配，如何满足不同学生的个性化需求就成了“老大难”问题。

当前很多高校的处理办法经常是，全部开放供全校学生同时选择，这样直接导致了：①很多学生没有办法选到所需课程，或者被迫选择自己不喜欢的课程，而后面其他人喜欢该课程又无法选择；②大量学生同时争抢课程，导致选课系统运行缓慢甚至崩溃；③部分学生盲目选择容易通过课程，而不是真正按照自己的兴趣爱好选择所需课程。

第二，信息化而导致滋生自由散漫心理。当前，教学管理系统已经在各个高校普及，师生可以很方便地对自己下一步的工作、学习做好安排，然而很多人并不是提前做好计划安排，通常等到时间过了才急着来更改。以教师调课为例，很多教师往往会因为一点小事就随意更改课程上课时间或地点，这样不仅仅会浪费很多教学资源，还会让学生课程学习连续性脱节，管理起来就十分麻烦。而另外，由于人性化管理，学生可以在开学上课后补选课程，很多学生随意退课、选课，甚至帮别人“占课”，等到开学了以后再退选，这样就导致了前面几次教学很难正常进行，给部分学生“逃课”提供了机会，造成教学管理问题。

三、信息化导演教学管理新角色

面临着信息化所带来的各种矛盾，我们首先从管理的角度出发，去思考如何解决，才能让信息化更好地为我们服务，尽量减少其负面影响。

第一，建立以人为本的管理制度。“以人为本”应该更多地体现在制度上面，而不应该等到事情发生了，再来要求制度妥协，为某部分人更改制度。当前高校制定的管理制度，很多都是在信息化还没有普及就已经设立，相对来说比较呆板，无法体现管理信息化所带来的灵活性,当出现问题时旧制度就制约了处理问题的方式,管理者要么只能遵循旧方法简单处理,那么就得突破制度灵活处理。灵活处理的确在很大程度上保障了师生的权利,但是破坏了制度也就导致了管理的失控。

以上述学生选课为例,比如本来已经规定学生只能在开学两周内可以调课、退课,但是某些学生因为家庭原因没有缴费最后只能在第三周交齐后再来选课,管理人员要体现人文关怀突破制度给他选课了,这本来无可厚非。然而,若有同班或同宿舍其他同学知道了这件事,他就认为既然别人可以第三周可以选课,那么我们是不是可以等第四周再选课了等。因此,这就需要我们完善和更新我们的制度,比如规定把可以特殊选课的原因列入规定,同时要求进行提前公示等,从源头上遏止部分同学的侥幸心理。

第二,在教学活动中引入竞争机制。当前高校虽然发展迅速,国家在教育方面投入也很大,很多高校资源不再像以前那么紧张,但是优质资源还是十分有限,如何利用信息化进行有效调配,使得优质资源发挥最大效用,这就需要引入竞争机制:一是教师教学管理评分机制。综合评价高的课程、教师,优先享受较好时段,环境好的教室待遇,可以比较自主选择时段;综合评价低的课程、教师,则只能在之后进行排课。评价标准可以包括:督导评价、学生评价、学生选课情况、平时调停课情况等,由教学管理者进行综合计算。二是学生因个人情况享受不同选课待遇。对于成绩优秀、上课积极主动、家庭困难、即将毕业的学生,管理者在管理系统上赋予一定的权重值,有优先选课权利,并且在每学期选课前清空后重新计算①。

第三,鼓励学生之间相互交流进行“传、帮、带”。由教学管理部门组织安排高年级学生与低年级学生进行交流,特别是在学生在专业方向、培养计划有疑问时,可以参考高年级优秀学生的做法,然后由二级学院的教学管理人员进行指导。特别是新入学的学生,必要的新生指导交流会可以让他们更快地利用教学管理系统为之服务,而不是在错

①韩卓泉. 大数据环境下高校档案管理新探索[J]. 兰台内外, 2020(34):22-24.

误中不断摸索,这样不仅浪费他们个人时间,也会占用许多系统资源、拖缓系统运行速度。同时,教学管理人员通过交流活动,也能发现系统管理中的不足,提出优化改革方案,进行推广。

第四,建立“一站式”服务的教学管理门户网站。随着信息化的发展,各种教学、学习、管理网站不断出现,教师与学生经常需要根据不同情况不断切换在几个网站之间,这样就带来了很多不便,而且也无法将其统一起来。那么这就需要教学管理人员,利用系统为基础数据库,建立一个统一的门户网站,将所有信息网站进行整合汇总,并且给予师生一个指导性的发展规划。同时,各种日常教学管理事物也可以在网站上进行操作包括:教师调停课,学生休学、复学、转专业、学籍预警,部门教室申请等,除了部分需要存档的纸质材料外,各个部门直接进行电子审批,节省大部分时间与精力。

总之,信息化的引入不应该给高校管理带来困扰,不应该给师生的日常教学活动带来麻烦。作为教学管理者,我们需要不断地探索和思考如何运用好现代化信息技术工具,为我们教学服务,为高校发展添砖加瓦。只有充分地用好信息化的工具,我们才能让广大教学管理者摆脱日常烦琐的事务性工作,把更多地精力投入到思索如何提高培养高水平人才的质量中去。

第四章 大数据时代的高校运行管理模式的改革与发展——数字化校园与智慧校园

第一节 数字化校园概述

一、概述

推进数字化校园建设，既是大数据时代高等教育改革的一种必然趋势，也是提高教学水平，方便学生管理，促进学生健康、全面成长的一种有效手段。近年来，借助于互联网、大数据等技术的发展优势，高校数字化建设取得了显著成果。但是我们也应当看到，部分高校仍然存在数据利用不到位、网络安全风险高、信息管理人才少等问题，制约了数字化校园建设的进程。本书在概述数字化校园应用价值的基础上，针对当前存在的一些客观问题，分别从严格数据采集标准、深入挖掘数据价值、保证校园网络安全等方面，提出有针对性的改进建议。

大数据时代，对于各类数据的筛选、利用水平，已经成为影响高校各项工作开展和深化改革发展的重要因素。数据海量化、来源多样化、内容复杂化，是大数据时代的几个明显特征，这也让数字化校园的建设与管理面临更多的挑战。高校方面既要顺应潮流，通过加强资金保障、完善基础设施等措施，搭建智慧校园的框架，同时又要关注信息管理人才培养，保障网络信息安全，为智慧校园的运行提供内在支持。只有多措并举，才能推动数字化校园取得新的建设成果，为高校的发展提供技术支持[①]。

二、大数据时代建设数字化校园的价值分析

(一)有利于实现智能化校园管理

构建智慧校园、实现智能管理,是高校开展数字化建设的目标之一。智能校园为校园管理、教师教学、学生学习带来了诸多便利,例如目前高校普遍使用的校园一卡通,就是数字化校园的一种基本体现。从学生角度来说,只需要使用一张校园卡,就可以在校园内购物消费、借阅图书;而对于学校来说,可以随时掌握学生的消费信息,这也能够作为贫困生评选的一个重要依据,让助学金的发放更加公平、公正。另外,智能校园背景下还能够对校园网上的各类信息进行监督,这也可以作为开展思想政治教育、加强学生心理健康管理的重要依据。

(二)有利于更好地为学生服务

当代高校大学生的思维更加活跃、诉求更加多样,如何更好地倾听学生诉求、满足他们的学习需要,是现阶段高校教学工作的重点。通过开展数字化校园建设,作用之一就是在师生之间搭建了一个信息无障碍交流的桥梁。这样当学生有诉求和意见时,就可以通过校园网及时反馈给教师或学校的管理人员。这样无论是对教学还是学生管理工作,都有很大的帮助。例如,在学校的官方网站上,可以定期更新一些招聘信息,对于那些即将毕业的大学生来说,可以通过这一渠道选择自己专业对口的工作,为学生的就业求职提供帮助。

(三)有利于推进高校的深化改革

高校数字化校园中包含大量具有价值的数据,如学习数据、教学数据、科研数据、奖惩数据等,这些数据构成了高校大数据的基础。这些海量数据中既包含常规管理型业务产生的如人事数据、教学数据、财务数据等结构化数据,又包含了大量的由服务与管理所产生的非结构化数据,如多媒体教学资源等。对这些结构化和非结构数据进行存

①付海蓉.关于高校内部控制信息化体系建构的几点思考[J].行政事业资产与财务,2020(20):101-102.

储、分析和挖掘，并施加有效的管理，充分利用数据价值，使其为学校管理、教学、服务等工作提供有益的帮助。

三、高校数字化校园建设面临的挑战

（一）数据规模增大，数据质量不高

数据质量直接影响各系统间的协同效率及使用效果。目前高校数字化校园共享数据中，普遍存在数据质量问题，主要表现为：①数据格式不统一，这主要由各业务部门对同一数据的使用习惯存在矛盾所造成；②数据维护质量低下，业务部门对数据质量管理工作的重要性没有充分认识；③对历史数据和冗余数据尚无统一完善的处理方法。例如高校的信息系统在日常运营中，历史记录中包含了大量的缓存文件，这些文件的价值没有得到很好的挖掘和利用，并且占用较多的存储空间，随着运行时间的延长，数据规模不断扩大，数据质量不高，造成了数据资源的浪费。

（二）对数据资源的挖掘和利用不充分

对数据的利用不充分体现在两方面：①数据透明度低，无法实时查询、浏览。校园用户须进入各个业务系统，才可查询自己科研、教学、消费等数据。②数据的深层价值有待挖掘。数字化校园累积的大量数据中，包含了大量有用的信息。遗憾的是，大多数高校仍停留在数据查询阶段，对数据的深入挖掘并使其为决策提供支持等工作仍有欠缺。高校的数字化建设虽然取得了可喜成绩，但是对于数据资源的重视程度和利用效率没有同步的跟进。例如，很多高校缺少数据资源分类存储的意识，将所有数据存储到一个整体的数据库中。后期检索、调用数据时，一方面是检索难度大、花费时间长；另一方面是容易掺杂很多无效数据，也会影响到数据资源利用价值的发挥。

（三）数据信息存在较大的安全隐患

近年来，高校内网遭受黑客攻击而导致信息泄露的情况屡见不鲜，这说明数字化校园建设虽然取得了成果，但是校园网络安全问题仍然存在诸多隐患。结合高校的智慧校园建设情况来看，虽然采取了

一定的网络安全措施，但是防护等级较低，多数情况下只能应对一些低密度、低危险等级的访问，但是对于一些针对性较强、破坏性较高的病毒攻击，缺乏有效的应对手段。随着数字化校园建设程度的加深，除了师生的个人信息外，还有财务数据等重要信息，做好数据安全保密工作也成为下一步智慧校园建设必须要关注的要点。

（四）高校信息基础设施建设滞后

高校数字化建设是一个循序渐进的过程，并且需要持续性的资金投入。目前来看，许多高校虽然意识到了数字化建设的必要性和紧迫性，但是在具体开展工作时缺少科学规划。没有立足于高校业务开展需要，盲目借鉴其他高校在这一方面的经验、成果，建成的数字化办公系统，也会因为实用价值不高而无法为学校工作开展提供实质性的帮助。另外，数字化校园建设是由硬件和软件两方面工作组成的，现阶段许多高校将工作重点放在了硬件安装上，而软件的应用和维护则重视不足，整体来看信息建设还处于比较低级的阶段。例如某高校的计算机实验室内，安装使用的画图软件CAD为2007版。但是目前该软件已经更新到了2019版。新软件增加了很多功能，包括UI界面优化、操作指令的更新等。如果学校方面仍然使用旧版本进行教学，很多功能无法实现，教学质量也会受到影响。

（五）高校信息化管理人才数量偏少

智能化管理设备的运用，在给高校各项工作提供便利的同时，也需要专人进行管理。信息技术的更新迭代速度较快，后期的运行维护、版本升级等，都需要专人负责。目前来看，高校在推进智慧校园建设中，多数工作重点还是放在了前期的信息系统建设上，而对于配套的人才队伍建设则没有给予足够的重视。例如根据某高校制定的《数字校园建设方案》，要求专职的信息管理人才数量不低于60人，后期在岗的信息管理员工确实达到了这一标准。但是通过调查发现，其中约有1/3是从其他岗位上临时借调的，专业化程度不足。这种情况下，虽然数字化建设水平得到了较大的提升，但是在实际工作中，还是存在数据“重保存，轻利用”的问题。如果不能挖掘数据价值，不能为高校工作开展、改革发展提供支持,那么数字化建设的作用和价值也会大打折扣。

四、大数据时代高校数字化校园建设策略

(一)严格数据采集标准和筛选流程

大数据时代的一个显著特点,就是数据海量化、复杂化。高校日常运营中产生大量数据,其中一部分数据具有留存、利用价值,但是绝大多数数据都是无效的,一方面是占据了较多的存储空间;另一方面这些无效的文件,也可能潜伏病毒、木马,必须要进行筛选、清理。在数字化校园建设中,要制定更加严格的数据采集标准,按照关键词或是检索条件,将符合利用条件的数据留存下来进行单独保存,而那些无用的则粉碎、删除。要明确筛选流程,从数据的采集、存储、分类、整理、利用,都要按照特定的流程进行,提高数据利用价值,支持数字校园建设。

(二)运用大数据技术挖掘数据价值

在大数据时代,数据资源的潜在价值得到了进一步凸显。推进数字化校园建设的目的之一,也是顺应时代潮流,利用信息技术,提高这些数据资源的利用价值,从而支持高校各项工作、改革的开展。大数据、云计算、物联网的信息技术的成熟,不仅有力地推动了智慧校园建设,而且也作为一种工具,开启了数据价值提取与利用的大门。高校的管理人员、教职工,都要通过业务培训,强化“互联网思维”和大数据意识。例如,在学生专业教学上,利用大数据技术对近年来各个专业的就业信息进行分析,从而帮助学生进行职业规划、就业指导。

(三)采取安全手段保障校园网络安全

数字化校园模式下,高校的人事资料、珍贵档案、财务数据等,全部以电子数据形式存储在数据库中。这种情况下一些不法分子有可能通过病毒攻击、网络破坏等方式,窃取高校重要的资料、数据。在加快推进智慧校园建设过程中,如何保障校园网络的安全性也是必须要考虑的问题。为了提高数据安全性,高校要构建立体化的安全防护体

系，搭配使用多种安全手段。比较初级的是使用系统自带的防火墙，可以拦截普通的非法访问；还可以在办公计算机上安装杀毒软件，可以对木马、病毒起到一定的抵御能力。除此之外，还需要采取数字签名、指纹认证等更加先进的方式，避免无关人员的违规操作和泄密。

（四）增加资金投入支持信息化建设

无论是校园内信息技术设施的引进还是后期的维护、升级，以及信息管理人才培训等，都需要投入一定的资金。为此，高校应当编制专项预算，为数字化校园建设提供物质保障。为了减轻高校的财政负担，同时也是防止出现资金浪费、挪用的情况，应当综合考虑数字化建设所需的硬件、软件、运维等具体费用，并且对每一项费用的支出进行动态监管，保证费用使用的透明度。另外，还可以采取校企共建的方式，例如吸引社会资本在高校内建设虚拟数据中心，既可以为高校学生提供实习机会，又可以节省硬件方面的开支。

（五）加强高校高素质信息管理人才队伍建设

当前高校顺应形势在数字化校园建设方面已经取得了一定成效，但是随着智慧校园建设水平的不断提升，信息管理人才短缺成为必须解决的问题。为此，高校方面要有意识地采取多种渠道，培养一支高素质的信息管理队伍。一种渠道是通过人才引进的方式，定向招聘高学历、经验丰富的信息技术人才，在高校的网络安全、智慧管理等方面发挥作用；还有一种渠道是采取技能培训的方式，根据各部门的业务开展需要，进行大数据等信息技术的专项培训，使其能够胜任现阶段数字化校园建设的需要。

数字化校园建设是高校在大数据时代做出的一种最佳选择，从现阶段的数字化建设实践来看，无论是从校园管理、教学改革还是学生成长等方面，都体现出其应有的价值。我们需要客观看待现阶段高校在数字化建设中尚存在的一些不足和问题，然后采取有针对性的改进措施，紧跟大数据发展趋势，利用大数据技术优势，进一步提高数字化校园的智能化、数字化程度。

第二节 智慧校园概述

随着大数据技术的飞速发展,为高等院校的运营发展,提供了有利的契机。通过数据平台的建立与使用,能够提升校园内部的管理水平,增强高等院校的核心竞争力,促进高校的长远稳定发展。本书利用数据平台在高等院校中应用的重要性,通过我国高校智慧校园数据平台的建设原则和设计思想,对智慧校园数据平台在高等院校中的具体应用进行探讨。

大数据时代的来临,使数据搜集与处理能力得到显著的提升。为高等院校的日常工作,起到了良好的帮助效果。建立智慧校园数据平台,既能够降低高等院校的运营成本,减轻经营过程中的经济压力;又可以提升高等院校的管理水平,使财务信息与人员情况,更加全面完整地进行展示,为高等院校今后的经营工作提供了全新的发展方向。

一、数据平台在高等院校中应用的重要性

(一)拓宽信息搜集能力

在高等院校内部建立数据平台,最大的优势就是能够拓宽信息搜集能力,使信息资源的总量大大提升。同时为数据信息的存储与分析提供便利,使高等院校管理者能够对校内情况一目了然。为高等院校的运营决策,提供良好正确的指引。通过数据平台的建立与使用,能够对各项数据长期有效的存储。既能够保障数据信息的全面完整,又可以降低信息泄露的情况。

利用大数据技术,对已有的数据进行精准分析,可以及时发现高等院校以往运营中的问题与隐患,采取有效的措施将经营风险降到最低,保障高等院校的长期稳定发展。智慧校园数据平台的使用,还能够起到对数据预测的作用。为高等院校经济项目的投资决策,提供重

要的数据参考[①]。

（二）提高师生管理水平

对学生进行良好有效的管理，是高等院校经营过程中的重要工作，更是智慧校园数据平台的一大优势。由于高等院校内部的学生数量较多，而且学生的综合素质参差不齐，使高等院校教师的管理工作，面临巨大的挑战。智慧校园数据平台的应用，成功解决了这一难题。通过信息采集、建立数据库、数据分析和数据对比等功能的融合，极大程度降低了高等院校管理方面的工作量。使教师能够将更多的精力投入到课程教学中，从而提升高等院校的教学质量，增强整体的管理水平。

二、我国高校智慧校园数据平台的建设原则与设计思想

（一）可操作性

在我国智慧校园数据平台建设时，应以服务高等院校师生为核心，提高数据平台的可操作性。为高等院校师生的日常生活，提供更好的便利。智慧校园数据平台的建立，应从高等院校老师与学生的日常生活出发，使数据平台的作用落到实处，提升高等院校内部人员的生活质量。

（二）前瞻性

智慧校园数据平台的诞生与使用，既是多种技术相融合的结果，又是社会发展的必然趋势。所以，在进行智慧校园数据平台建设时，相关工作人员应具备前瞻性。不仅要使智慧校园数据平台满足现在的使用需求，与原有的数据信息相兼容。更要增加可拓展性的功能，为后续其他技术的融入奠定良好坚实的基础。除此之外，在智慧校园数据平台的运行过程中，必然会出现一些平台的漏洞，或者是与实际生活相冲突的部分。相关工作人员应时刻保持长远发展的思想观念，对智慧校园数据平台，进行科学合理的优化与调整。降低平台漏洞数量的同时，提高平台的实用性、精准性和简便性，使其能够全面掌控高

①席颖．大数据背景下高校语言实验室的建设和管理[J]．福建电脑，2020，36(10)：189-190.

等院校内部的情况。令智慧校园数据平台在高等院校运营中,发挥出更大的作用。

(三)时代性

与时俱进是高等院校人才培养的重要口号,更是智慧校园数据平台建设时应遵循的一项原则。在使用智慧校园数据平台时,高等院校应融入先进的教学理念,提高人才培养的整体素质水平。为我国经济的建设与发展,提供源源不断的动力。随着各种网络病毒的诞生与蔓延,高等院校也应采取积极的应对措施,提高智慧校园数据平台的安全性,避免信息泄露的现象发生。

三、智慧校园数据平台在高等院校中的具体应用

(一)身份认证

在高等院校中,应用智慧校园数据平台,主要的功能体现在身份认证、信息处理和财务管理三个方面。其中,使用身份认证的功能较为频繁,为高等院校的经营发展,起到了良好的促进作用。身份认证的工作原理,主要是通过智慧校园数据平台的共享功能,将师生的所有数据信息,按照相关的权限共享到高等院校内部的各个部门。使每个师生都能够通过简单的方法,证明自己的身份,极大程度降低了各部门人员的工作量。

(二)信息处理

智慧校园数据平台的信息处理功能,通常与身份认证功能结合使用。当师生的身份信息通过平台系统认证后,会自动生成一条相关的轨迹记录,并注明具体的时间与行为。比如,当学生在周日下午3点,利用自己的指纹进入到图书馆后,借阅了一本《老人与海》,并在下午4点再次利用自己的指纹离开图书馆。高等院校的图书馆平台系统,就能够快速精准查询到学生详细的借阅情况。同时,还可以通过数据分析的方法,测算出图书馆每日的人流量、借阅次数或还书次数,以及哪本书更受学生们的欢迎。极大程度提升了高等院校各部门的管理水平,为学生和教师的日常生活,起到了良好的帮助效果。

(三)财务管理

在高等院校以往的运营过程中,财务部门需要使用大量的工作人员,对校内经济活动的各项数据进行登记。然后依据登记的数据,编制高等院校各个季度的财务报表,以此对外展示高等院校的运营状况。尽管使用的工作人员较多,但在数据登记与报表编制的过程中,仍存在信息遗漏或数据错误的情况,严重阻碍了高等院校的下一步发展。利用智慧校园数据平台,能够通过数据库的方式,将各项数据进行统一的搜集与共享,使财务人员的工作效率得到了显著的提升,同时减少了信息处理方面的错误,也令高等院校的运营成本大幅度降低,为高等院校的经营发展奠定了坚实的基础。

智慧校园数据平台的普及与应用,使高等院校的日常运营,发生了翻天覆地的变化。不仅明显提升了餐厅和图书馆的工作效率,节约了教师和学生的宝贵时间。还令高等院校内部的财务管理工作,变得更加精细化和科学化,使各个季度报表的准确度显著提高。在智慧校园数据平台建设时,工作人员应从前瞻性、可操作性和时代性方面,进行全方面多角度的考量。既要使智慧校园数据平台,在高校日常生活中提供便利。还要令智慧校园数据平台具有兼容性,为其他技术的融合奠定良好基础。除此之外,根据智慧校园数据平台的实际运行情况,进行不断的优化与调整,能够提升数据信息的安全性,使智慧校园数据平台为高等院校的运营与发展提供更多的帮助。

第三节 从数字化校园到智慧校园

一、概述

当前随着我国科学技术的快速发展,将创新技术与科学技术融入教育领域,能够促进教育体制改革发展,进一步实现教育信息化发展目标。基于科学创新角度研发“数字校园”至“智慧校园”的路径中必须要摆脱传统教育单一刻板的模式，结合时代发展趋势以及学生的学习特点，有效创新教育模式。当前教学信息化工作已经不只是简单的网络基础设施建设，而是紧密依托网络技术打造信息化平台与服务平台，有助于促进教育事业的信息化发展。

所以校园在信息化建设中，必须要改造创设优质的网络环境，保障网络设备以及教学工具的稳定运行，同时要增强服务意识，通过打造科学便操作的网络服务平台，满足师生的教学以及学习需求，同时要秉持“科学规划、分步实施、合理划分”的原则进行有效建设，切实突出智慧校园的建设优势。

教育信息化是推动教育现代化，打造教育强国的重要工具。2018年，教育部颁发了《教育信息化2.0行动计划》，该计划中明确提出数字校园规范化建设以及智慧教育创新行动的相关内容。通过梳理数字校园和智慧校园的发展历程，我们能够了解到当前我国教育信息化的深入发展数字校园必将会朝着智慧校园逐步进展。数字校园与智慧校园属于教育信息化的发展产物，基于本质角度分析揭示信息时代的教育环境，但是两者却有一定的差距。数字校园主要是结合互联网中的校园网，但是智慧校园则是构建在人工智能与物联网、大数据等各项新技术前提下，紧密依托各类智能设备和互联网平台而开展的教学环境。智慧校园的通信形式丰富多元，并且基于智能化环境下师生的学习操作十分便捷。

在未来发展过程中，智慧校园必须要为学生打造网络学习且多元创新的智慧环境，能够使学生在安全稳定的校园中快乐的学习和生活，从而增强学生的学习素养，使校园充满生机与活力①。

二、“数字校园”到“智慧校园”的转变

回顾以往建设“数字校园”的经验，我们可以发现信息化工作是比较困难的，首先，信息系统高度离散、原始数据采集不易、连而不接传而不达。业务部门主导的建设路线往往以管理为中心，一切为管理者

①周喜林，唐文文．大数据背景下高校教育管理的伦理意识研究[J]．齐齐哈尔大学学报（哲学社会科学版），2020(10)：166-169.

服务，各种各样的管理信息系统建设就是为了证明这个数据的存在，往往是“填报式”采集。这些“填报式”采集的数据，结果类居多，难以反映业务过程。所以，数据容易失真、滞后、缺漏。

数字校园在建设发展过程中，由于存在部分问题也难以更好地满足时代发展，所以在新时期大数据技术以及云计算、互联网技术的快速发展时代下，智慧校园建设工作赢得了社会各界的广泛重视。基于信息化时代下，建设智慧校园应当将社会因素以及环境因素、人的因素和设备因素等各项资源有效整合，以信息为核心，以物联网技术为基础，有效应用多平台信息传递的方式进行多项沟通交流。智慧校园主要是打造智能化学校，以智能挖掘和感知等各类技术手段实现随机应变，智能高效的管理模式。

三、“数字校园”的建设和实践中存在的问题

当前我们进入了由“数字校园”到“智慧校园”转变的新阶段。回看、总结“数字校园”的建设过程与实际效果，我们深刻认识到“数字校园”还远远未达到校园现代化、数字信息化发展的要求。“数字校园”在一定程度上打破了传统校园模式及教育机制，但是这种程度上进步的速度仍旧是十分缓慢的，影响程度也非常有限。下面是在“数字校园”的建设和实践中发现的几点问题。

第一，“数字校园”的建设主要集中在信息的收集与学院管理业务的相互融合，未涉及课堂上的教学模式，不利于教学模式的改变的问题。

第二，校园集中的大数据建设，不利于学校的各个学院信息管理工作的专业性及可发展性，从而导致校园数字信息管理系统的实际应用效果不如预期效果的问题。

第三，“数字校园”的线上访问方式存在一定时间上与空间上的局限问题，学生无法实时共享校外信息，学校内外难以形成信息化全面覆盖的问题。

由于数字校园在建设过程中存在部分问题，所以急需改善和创新，切实提高学校的教学管理水平，才能够体现信息化时代的教育优势。

四、"智慧校园"的特点及体系架构

智慧校园是国家目前正大力推广建设一个以大数据为中心，将校园教学，家校生活和管理集为一体的物联网校园方式。我们通过智慧校园建设，把学校建设成集家校沟通，智能化，未来化，互联网+教育的一个平台。

想要建设"智慧校园"从工程层面，我们要尽量通过移动校园建设、办事流程建设等实现数据的"伴随采集"。也就是说我们要尽可能把原始采集数据的采集点推到最前沿。智慧校园的建设，要以感知为基础，调整逻辑定位。把数据采集的节点性本能推到最前端，而且要尽可能覆盖全面。

智慧校园大致分为三个方面：①通过高端信息技术建设更加和谐，家校沟通更加便捷的智慧化学园；②处理学校的各类办公事宜，学生的各类档案资料，都可以通过平台实现高效化，智能化的管理；③通过手机/电脑软件的使用，直接将生动的校园生活呈现在手机/电脑上，响应国家无纸化的行动。

智慧校园项目目前从国家和学校自身层面上来讲都非常重视，前景也非常好，不过由于智慧校园项目涉及的范围比较广，比如与学校管理相关、与教师办公相关、与学生学习相关等等应用都需要有很强技术实力的厂商才能给出比较好的解决方案，同时智慧校园的应用基本都依托于基础网络来运作，因此基础网络的重要性同样非常高。

同时我们在建设"智慧校园"时必须注重：以人出发，为人服务。尤其要强调"以为人服务为主，以管理为辅"的理念，通过资源综合，信息互换，管理科学等各种方式，其最终目的是让用户有更好的体验感受，也体现了与校园活动的融合性。

"智慧校园"的基本特点如下：①具备对校园的学生，物品，环境等因素有较强感知能力，并根据感知内容建立"智慧模型"，进一步总结事物的一般规律集发展前景。②用高速便捷的网络新技术，对学校内外各种信息、数据的实时共享，最大限度地减弱时间与空间的限制。③拥有组建多元化、开放化的学习与研究空间的能力，具有创造多种模式，跨地区、跨时区的学习与研究环境的能力。④最终实现用户个性化，综合化的体验，做到用户与社会信息相融合的理想状态。

推进“智慧教育”，最终目的是让广大师生受益。为此各级各校都应该结合学校本身的特色发展和校本课程建设，适应学科体系建设和走班教学需求，积极建设以“信息技术+”为特色的一批现代化学科教室和创新实验室，以学习环境的改变，带动课程、教学以及评价的改革与创新，促进学生创新素养和实践能力提升，促进信息技术与教育教学深度融合。

此外，广大学校应该利用好各种教育教学信息网络平台，用科学的数据分析以学定教，助力课堂应用模式创新，提高课堂效率，用大数据驱动个性化教学、精准化施教，助力教师教研、应用模式创新。

五、数字校园到智慧校园的转型路径

（一）打破课堂传统教学机制，改变校园传统教学环境

当前社会的快速发展也进一步推动了科学技术的进步，实现数字化到智慧化的成功转型，对于高校来讲极为重要。在智慧校园建设过程中，应当摆脱传统的课堂教学机制，有效应用科学合理的组织引导策略，才能够高质量地完成智慧校园建设工程。建设智慧校园必须要采用信息化教育模式，有效带动现代教育技术进行全新发展，通过构建智能感知环境，以资源建设为中心，借助物联网感知技术以及智能技术打造，精细化管理服务。同时要实现教育资源的合理重组，对于教学内容和后勤服务等各项资源进行重新匹配，通过优化教育体系，加强资源的利用效率，有助于实现教育智能共享系统的有效建设。

（二）多媒体网络在课堂中的实际应用

第一，教师可以运用多媒体网络进行电子备课，根据线上阅读教材资料及课件制作的相关工具，为学生制作图文并茂的课件，易于学生深刻理解课堂的教学内容。

第二，有效应用信息技术进行数据收集，通过多元化的教学模式进行动态分析，根据学校近阶段的学习情况，有针对性地调整教学计划，提高教师课堂教学把控能力。

第三,在课堂中引进多媒体网络技术,一方面打破时间和空间的限制,便于打造随时随地的网络课堂,改变传统教学机制;另一方面教师可以实时远程与学生进行课上互动,根据学生上课状态及时丰富课堂内容,达到提高学生学习的兴趣和提高教学质量的目的。

第四,学生可以随时随地根据校园线上网站,实时接收校园最新的消息及教师布置的课后任务。

(三)校园“智慧”管理信息化

新时代的校园管理,不仅要求管理者掌握学校和学生大量的相关信息,也需要对所掌握的信息进行筛选、管理,达到为学校领导管理阶层进行决策时提供信息依据的作用。校园“智慧平台”软件平台的开发及应用可以为学生和教师提供强大的通讯支持,如校内的视频会议、校园活动及学校内部各个院系、各个部门之间的工作传递。“智慧校园”的建设不但会让校内工作指令的传达变得高效便捷,与此同时也会大大加强计算机的辅助功能的应用,为学校领导管理阶层进行各项教育数据的分析,促进管理层做决策的和合理化、科学化。

知识和信息更新的速度变快,让学生仅仅在校内所学知识已无法满足社会的需要。“智慧校园”的出现可以极大程度上满足学生对信息和知识的需求,打破传统教学机制及知识获取渠道,利用以多媒体网络为媒介来开拓获取知识和信息的新方式。“智慧校园”的建设不但为学生提供良好的学习环境,也为学生提供了丰富多样的学习资料及实时信息。让学生将校内所学的知识与校外实际情况相结合,不仅提高了学生的学习能力,也加大了学生的实际运用能力,更好地满足社会需求,为社会培养出新型学生。

“智慧校园”的出现将为广大的校园教师和学生提供一个全方位的、智能的环境,根据教师和学生的需求提供个性化的服务,基于计算机网络技术的发展将信息管理融入学校的各个领域当中,并搭建一个校内与校外相互助力和传递信息的平台。如何融合相关的科学技术,并正确的认识“智慧校园”的特点和建设的途径,成为当下各个学校实现现代信息化发展的一个重要课题。

第五章 大数据时代高校人事档案管理模式的改革与发展——数字化管理

第一节 人事档案的发展对高校人事档案管理的要求

人事档案是人事管理工作的重要部分，时代和科技的发展引领了人事档案从形成到管理的不断发展。要了解人事档案对高校人事档案管理所提出的要求，首先要对人事档案的历史脉络和概念、特征进行简要介绍，在此基础上对人事档案的发展趋势做出梳理，并探讨人事档案发展对高校人事档案管理提出的新要求，进而论证进行高校人事档案管理创新的必要性。

一、人事档案管理的发展

进入21世纪，相比于传统的数据信息时代，以云计算、社交网络、微博等为依托，一系列新的信息发布和传递方式日趋兴盛，大数据时代应运而生。大数据以其大规模、多样化、复杂性和高速性特点日益引起各行各业的关注，并被视为一种基础性的信息资源而应用于政府公共政策制定、社会管理、企业管理等广泛领域之中，取得了丰富的成果。

与此同时，人事档案管理理论在不断发展，人事档案管理的手段和方法也在不断地进步，先进的科技手段不断地被应用于人事档案管理，人事档案管理逐渐步入现代化时代。随着信息化时代的到来，计算机以其更强大的信息处理能力、存储容量和更加快速的信息检索速度融入社会生活的各个领域。而人事档案管理也逐渐摆脱传统程序烦琐、效率低下的管理状态，在现代化处理设备的应用下变得更有效率。总体来讲，这种发展形势对人事档案管理产生了重要的影响。

（一）当代人事档案的发展促进了人事档案管理理念的创新

新时代下，人事档案管理重点体现出了人性化、服务化、多元化、高效化的管理理念个性化主要体现在人事档案管理“以人为本”的理念。“人”是人事档案管理的主体，也是人事档案的主体，离开了“人”就无人事档案，更不用说对人事档案进行良好的管理[①]。

服务化是现代管理理念在档案管理中的重要体现，服务的理念要求档案管理工作者要做到两点：一是转变传统的管理理念，变被动为主动、变单向为互动，杜绝“门难进、脸难看、话难听、事难办”的现象发生。二是改进传统的工作方法，优化服务质量。

多元化是指身处大数据时代的漩涡之中，人事档案管理的理念受到来自社会经济和科技发展多方面的影响。人事档案管理的多元化主要体现在理论多元化、载体多元化和主体理念的多元化。理论多元化源自人事档案管理吸纳了来自管理学、档案学、信息管理、计算机科学等多领域的知识，取长补短，对传统理念的不足进行优化和补充，逐渐摆脱传统的纸质档案管理的繁杂、低效。载体多元化即档案信息可以是纸质载体，也可以是存放在电脑里的数据载体，打破了传统单一的选择模式。理念多元化则是充分考虑了档案主体的自由选择，促进了档案主体对个人幸福的追求，发挥了人事档案基于人的发展的基本价值，促进了人的全面和有序发展。

高效化是科技日新月异的必然要求。随着计算机软件、云计算、数据库等在包括人事档案管理在内的各领域的应用，高效化也必然成为现代人事档案管理的重要理念。传统人事档案管理重数量、轻质量，在查阅应用档案时，过程繁杂、冗长，手续烦琐，耗费众多的人力、物力和财力，往往还不一定能得到自己想要的结果，浪费了宝贵的时间，有时甚至会耽误重大工程或者项目的实行。在档案数据库等现代技术的支撑下，档案的查询变得高效而准确，既简化了手续又杜绝了

①尹航．大数据时代下的高校人力资源管理策略探究[J]．商讯，2020(30)：189-190.

资源的浪费。

(二)当代人事档案的发展促进了人事档案管理手段的进步

随着管理理念的发展,传统的管理手段已不足以支撑起当代人事档案管理的新型建构,也因此促进了人事档案管理由人工纸质管理为主转变为计算机智能档案管理。

首先,传统人事档案管理模式单一,管理手段匮乏,管理任务和过程也非常庞大和复杂,并且档案载体也以纸质为主,不易进行大范围和长距离的转移,或者在转移过程中容易造成损坏和遗失,不易长时间保存。其次,资料的日渐增多也使得保存档案需要更加庞大的空间,这就需要建设开发新的档案保存地,导致要将档案完整地保存起来并加以科学化的分类归档变得困难重重。最后,由于信息不能得到有效彻底的提炼和加工,在需要使用档案之时很难得到完整的信息和内容,导致重要的个人信息很难在重要的时刻发挥实质性的作用,造成了资源的浪费。

新型的人性化、服务化、多元化与高效化的理念,要求在当代科技发展的背景之下,对现有的传统人事档案管理手段进行改革。一方面,当今科技信息管理技术和先进设备的引进,改变了传统手段单一的模式,以前庞大的管理任务和过程也可以由一台计算机完成。传统纸质档案也转变为现代电子档案,扩大了档案信息的共享范围,并且在保证档案信息的完整性和正式性的前提之下,可以将档案进行多部门、大范围、多层次的转移,促进了信息资源的多平台共享,实现了档案的价值。另一方面,计算机数据库系统的大存储量使得档案的保存变得更加的完整和全面,同时也可以将档案进行细致翔实的分类,利于对已有的信息资源进行精细的整理,促进档案管理的科学化。此外,现代的信息技术为档案存储工作提供了良好的客观环境,从实体档案管理向以信息资源形式存在的电子档案管理的转变,提高了资源的利用率,减少了资源浪费现象的产生。

(三)当代人事档案的发展促进了人事档案管理机制的转变

传统人事档案管理机制冗繁、过程烦琐,严重抑制了档案管理的发展。而当代人事档案的发展,促进了人事档案管理机制向网络化、规范化、社会化的转变。

信息化平台的建设促进了人事档案管理机构的系统内部之间密切的配合,实现档案管理的网络化,这种网络化主要体现在两个方面:一方面,人事档案管理机构内部各部门之间相互合作,形成网络化的运行机制。另一方面,网络信息的传播,带动了地区性网络、局域性网络等的构建,扩大了组织之间和个人之间的交流,时间和空间概念被打破。

规范化在人事档案管理各个时期都是至关重要的一环,规范的人事档案管理机制才能够保障档案的有效管理。当下,人事档案的新发展也使档案管理的规范化处于新的形势之下。首先,国家和政府要不断地建立和完善新的人事档案管理法律和规章,从人事档案的内容填写到档案的保存和转移,都要遵循严格的程序,依法保证档案信息的安全性和档案的有序性。其次,信息时代在为档案管理提供信息共享便利的同时,也对信息的安全性提出了挑战。档案管理者需要严格遵守人事档案管理操作条例,通过建立一套行之有效的管理规范,对档案信息数据库进行规范化和精细化的操作。最后,在档案信息化管理的现状下,档案内容的填写格式要规范统一,以利于对人事档案的归档和总结,促进规范化管理的实行。

(四)当代人事档案的发展促进了人事档案管理技术的前进

管理技术的前进有赖于信息技术的大发展,特别是作为人事档案载体的管理软件的开发、信息存储和检索系统升级以及档案监控系统的存在,都有效地“鞭策”了人事档案管理技术的前进。

21世纪变化最快的无疑就是技术的革新。科技革命带给我们的是来自社会各方面的挑战,其中信息技术的飞速发展无疑是这当中最为迅猛的,这一发展给人事档案管理技术带来了巨大变化。主要表现在以下几方面。

第一,人事管理软件的开发与应用,改变了人事档案管理的技术。计算机、互联网、云计算等现代科技软件的应用与发展,突出了传统档案的管理技术的滞后性。当代，许多组织的人事管理机构或者与此相关的软件开发商都会投入大笔的资金和人才资源，研发人事档案管理软件，其目的就是希望可以通过技术的革新，优化人事档案管理模式，推动电子档案管理技术的成熟。

第二，信息存储和检索系统的升级也促进了档案技术的革新。一方面，当代信息存储设备的发展，使电子档案管理不需要对人事档案逐个输入。另一方面，当代计算机信息检索系统的升级使原本较为麻烦的查询过程只要输入一个或多个关键词就可以进行精确无比的查找，获得所需要的资料，这一技术的升级让档案查询技术更加便捷。

第三，档案监控系统的存在保证了电子档案技术的稳定使用。传统档案遗失的现象层出不穷，并成为所有档案管理者最担心的问题。当下电子信息档案的存在，虽然偶尔也会出现因黑客攻击等外界因素所导致的档案数据丢失，但是随着档案监控系统的开发，电子档案管理的各个技术环节都会被施以严密的监控，从电脑机房到电脑本身数据库和电脑软件，都有相应的安全防护措施保护管理系统不受外界的攻击。另外，档案管理者的工作室往往也安装有电子监控系统。管理者作为“理性人”，如果其自身素质不高的话很容易受外界原因的影响，窃取所在机构的人事档案信息，对机构造成重大的损失。为了保护电子数据的安全，并防止管理者为了个人经济利益而泄露人事档案信息的监守自盗行为，档案监控技术在档案管理中至关重要。

总之，当代人事档案的发展从理念、手段、机制、技术等方面都受到了时代发展的影响，科技的发展在为人事档案管理提出挑战的同时也不断激励着人事档案管理的各方面改革。而作为人事档案管理一部分的高校人事档案管理，在新的时代也面临着新的发展和要求。

二、高校人事档案管理的新要求

随着当代人事档案管理的不断发展，作为人事档案管理一个具体方面的高校人事档案管理也面临着巨大的挑战。相较于政府机关的人事档案管理，我国高校人事档案管理起步较晚，所处的时代和环境也很复杂，面临的问题也比较多。当然，起步晚也预示着高校人事档案管理可以借鉴的经验更多，有更多的发展空间，减少走弯路的可能性。

时代发展的影响，我国高校不断扩招，高校的教职工等管理人员的数量也不断增长，这就要求高标准的高校人事档案管理。

当代人事管理在管理理念、手段、机制和技术方面的革新，也影响到了高校人事档案管理的发展前景，对高校人事档案管理提出了新的要求，具体表现为以下几方面：①要求高校人事档案管理者认真学习新的档案管理理论，转变高校档案管理理念，促进高校人事档案管理理论的革新；②要求高校人事档案管理模式发展创新，促进高校人事档案管理动态化；③要求改革高校人事档案管理机制，促进高校人事档案管理的规范化；④要求高校人事档案管理部门引进新的管理技术，促进高校人事档案管理的科学化；⑤要求高校人事档案管理更加严谨，促进高校人事档案的精细化管理。

第二节 大数据对高校人事档案管理的影响

一、大数据对高校人事档案管理创新的积极影响

大数据时代的来临给高校人事档案管理创新带来了一系列的积极影响，主要表现为：一是努力推动了高校人事档案管理的理念革新；二是积极引入高校人事档案的数字管理技术；三是不断推进高校人事档案管理的理论突破。大数据时代来临给高校人事档案管理创新带来的这些积极影响，已经为高校人事档案管理在创新和高校人事档案管理事业的发展提供了重要契机。

（一）努力推动高校人事档案管理的理念革新

管理理念革新是实现高校人事档案管理创新的前提条件，没有理念上的革新，难有实践上的突破。长期以来，我国高校人事档案管理的管理理念一直未能完全摆脱计划经济时代国家单位体制对高校人

员的“管控”理念，高校人员高度依赖单位，人员调动档案先行，管住了档案也就实现了对高校人才资源的“管控”。虽然严格管控的单位体制逐步走向瓦解，然而这种“管控”理念却得到了延续。

在“管控”总体理念指导下，高校人事档案管理在实践过程中，又衍生出很多管理思维上的问题：①静态的档案管理思维。静态的档案管理思维，是“管控”式档案管理理念的直接产物和必然结果，已经严重束缚了高校人才资源的优化配置。②片面的档案管理思维。长期以来，为了加强对社会主义教育事业的领导，高校管理人员不仅仅是高校工作的实际管理人员，更是具有行政职称待遇的国家干部，可以说，高校行政化倾向较为明显。③单一的档案管理思维。单一的档案管理思维是技术条件相对落后的时代产物，虽然管理技术发生了革新，但这种单一的管理思维方式在某种程度上却得到了延续[①]。

在大数据时代，高校人事档案管理创新工作迎来了重要的发展契机，最为突出的是管理理念的更新与发展。大数据时代的来临给管理理念带来的最为直接的影响是从“管控”向“服务”的价值取向转型，当然这种转型并非一蹴而就的，而是一种缓慢发生的渐进过程。在大数据时代，数据信息被作为一种基础信息服务于社会公众，而非创设数据鸿沟进行管控。

在这种理念的指引下，高校人事档案管理创新也应当实现从“管控”向“服务”的价值理念转型，在制度设计时更多地考虑服务于高校人事档案事业发展，服务于高校人力资源优化配置的需求，“服务”而非“管控”高校工作人员应当成为这场管理创新的根本价值理念指导。

在这种“服务”理念的指引下，大数据时代的来临给予了高校人事档案管理理念创新的几点改变，主要体现为：①大数据时代下数据的快速更新带来管理思维的动态化转变，为扭转高校人事档案管理工作中的静态管理思维提供了现实借鉴。②大数据时代下数据信息的完整性要求管理思维向全面展转变，这为改变高校人事档案管理中的片面性思维方式提供了间接的经验启迪。③大数据时代下数据信息的

①李莉．数据驱动的高校管理探索与实践[J]．微型电脑应用，2020，36(10)：66-68+72.

种类繁多要求促进管理思维句多元化方向转变，这为改革高校人事档案管理中的单一管理思维方式提供了直接的现实参考。

（二）积极引入高校人事档案的数字管理技术

长期以来，在管控思维的指导下，高校人事档案管理在实践过程中并未能及时顺应高校人事档案管理技术革新的要求，不断优化高校人事档案管理技术。在大数据时代背景下，高校人事档案管理的数字化实现程度直观地反映着高校人事档案管理技术的先进程度，毫无疑问，在当前我国仍有相当一部分高校延续着传统的以纸质档案管理为主的人工管理技术，这种管理技术的滞后毋庸讳言难以满足高校信息化建设的多元需求，更是直接制约了高校人事档案管理工作的实际效果。

以纸质档案管理为主的人工管理技术，在信息技术不高、人员流动偏低的社会中，曾经在我国高校人事档案管理过程中发挥着重要的作用，为高校的人才选拔和人才管理提供了重要的支撑和凭依。然而，在信息技术日新月异的当今社会，特别是大数据时代的来临，使得这种传统的高校人事档案管理技术越来越难以适应，主要表现为：一方面，以纸质档案管理为主的人工管理技术，难以适应大数据时代下高校人事档案管理动态化的发展需要；另一方面，以纸质档案管理为主的人工管理技术，难以承载大数据时代下高校人事档案管理多元数据信息的现实要求。

管理技术革新是高校人事档案管理创新的重要内容和关键所在，在大数据背景下，高校人事档案管理创新工作必须紧紧围绕管理技术的更新与突破，实现高校人事档案的数字化管理。人事档案数字化就是应用计算机技术、数据库技术、多媒体技术等高科技手段，结合数据库系统，实现人事档案的数字化加工、存储和全面管理。在大数据时代下，高校人事档案管理创新应当立足于完善高校人事档案的管理技术，不断提高高校人事档案管理的数字化程度。

具体而言，主要体现为以下两个方面：一方面，大数据时代下的高校人事档案数字化管理技术，突破了传统以纸质为主的人工管理技术的静态管理弊端，实现了高校人事档案管理的动态化；另一方面，大数据时代下的高校人事档案数字化管理技术，超越了传统的以纸质为主的人工管理技术的单一文本管理弊端，实现了高校人事档案管理数据内容的多元化。

总之，在大数据时代背景下，高校人事档案数字化管理技术的运用将为高校人事档案管理创新开辟一条道路，而大数据时代信息技术的革新与完善数据样本的认识不断深化等多方面要素，又为高校人事档案数字化管理技术提供了现实支撑。在高校人事档案管理的实践过程中，高校人事档案管理部门应当立足高校人事档案管理工作的实际情况，循着数字化建设的发展方向，在点滴的实践基础上不断地发现问题、解决问题，不断地提高高校人事档案管理的数字化实现程度，以便更好地服务于高校人事档案管理事业的发展和高校人力资源动态化、多元化的服务需要。

（三）不断推进高校人事档案管理的理论突破

长期以来，高校人事档案管理一直沿用着计划经济时代以“管控”为核心价值取向的管理理论，虽然高校人事档案管理在实践中也开展了一系列的改革探索，但是由于始终未能在高校人事档案的管理理论上取得巨大突破，因而，在高校人事档案管理实践中占据指导地位的管理理论仍然是以“管控”为核心价值取向，而非以“服务”为目标所在。

马克思主义哲学认为，科学理论对社会实践具有重要的指导意义，能够极大地推动社会实践的发展。相反，指导理论上的滞后，毫无疑问，必然伴随有管理实践中问题的层出不穷。一方面，在传统的管理理论指导下，高校人事档案管理工作出现了不少现实困境；另一方面，在大数据时代背景下，管理理论与管理实践间客观存在的不匹配所带来的矛盾冲突又进一步激化和显化。

在高校人事档案管理实践中，高校人事档案管理的理论完善与发展无疑具有重要的现实意义，它可以作为高校人事档案管理创新的理论指南，极大地推动高校人事档案管理的创新工作。

在大数据时代的背景下，信息化、数字化成为高校人事档案管理的重要发展方向，高校人事档案管理应当服务于高校人力资源发展的需求和高校人事档案管理事业发展的需要，“服务”应当成为高校人事档案管理的价值取向，而高校人事档案管理创新便紧紧依托“两个服务”的目标追求，紧紧围绕高校人事档案管理的信息化、数字化的发展需要，不断进行理论探索和理论创新，在某种意义上讲，高校人事档案管理的理论创新主要体现为高校人事档案数字化管理理论的突破与引入。

这一理论突破为高校人事档案管理提供了理论指导和借鉴，主要表现为以下两个方面：其一，高校人事档案数字化管理理论的引入，带来了一场深刻的管理技术革命，进而为促进高校人事档案管理创新提供理论和技术支持。其二，高校人事档案数字化管理理论的引入，还引发了高校人事档案管理过程中的思维革命，进而为高校人事档案管理创新工作扫除前进障碍。

在大数据时代背景下，高校人事档案引入数字化管理理论，不仅带来一场深刻的技术革新，更带来一场剧烈的思维革命。主要体现为：一是高校人事档案数字化管理理论突出“数据”的重要意义，并主张重新审视和定位“数据”的科学内涵。二是高校人事档案数字化管理理论强调以服务为取向，提供数字化、动态化、全面化的档案数据信息资源。

二、大数据对高校人事档案管理创新的消极影响

大数据时代的来临并非只是给高校人事档案管理创新带来了重要的发展契机，事实上，在大数据时代背景下，高校人事档案管理创新还面临着一系列的严峻挑战。这些挑战主要表现为：高校人事档案的管理队伍建设相对滞后，高校人事档案的数据库建设面临挑战，高校人事档案管理制度建构与创新相对不足。

（一）高校人事档案的管理队伍建设相对滞后

增强高校人事档案的管理队伍建设，搭建一支高素质、懂技术的高校人事档案管理人才队伍，是加强高校人事档案管理创新的关键所

在。开展高校人事档案管理创新的最终落脚点和依托还是在“人”而非“技术”,没有优秀的管理团队,仅仅依靠现代技术创新高校人事档案管理的努力注定是徒劳的。档案管理的团队建设主要包括思想政治素质、科学文化素质、专业数据分析技能、人员合理配备等问题。因此,关注高校人事档案管理的团队建设,是有效实施高校人事档案管理创新的基础条件和关键环节。

在大数据时代的背景下,高校人事档案管理团队建设遭遇到了前所未有的冲击和挑战,这不仅给高校人事档案管理工作带来巨大的不便,更是给高校人事档案管理事业的健康发展带来巨大风险。正确认识这些潜在的冲击和挑战,是有效化解这些不便和风险的前提条件。

在新时期,高校人事档案管理团队建设所遭遇的冲击和挑战主要表现为:①大数据时代背景下,档案数据同样成为重要的资源,而部分高校人事档案管理人员思想政治素质不高、档案保密意识不强;②大数据时代背景下,档案管理工作需要面对日渐增多、种类多样的信息数据,然而现有的高校人事档案管理工作人员的科学文化素质不高,难以满足大数据时代背景下高校人事档案管理事业发展的要求;③在大数据时代背景下,档案数据管理需要面临越来越多的跨学科、跨部门、跨单位的挑战,如何合理搭配和有效配置高校人事档案管理团队人员成为摆在高校人事档案管理团队建设的重要课题。

(二)高校人事档案的数据库建设面临挑战

高校人事档案数据库建设,既是高校人事档案管理的重要载体,也是高校人事档案管理创新的重要组成部分和重要内容,高校人事档案管理创新必须紧紧抓住高校人事档案数据库建设这个要着力点,积极推进人事档案数据库的信息化、数字化程度。

在大数据时代背景下,高校人事档案管理的数据库建设主要包括高校人事档案数据库的完整性、高校人事档案管理的数字化、高校人事档案管理的安全性三个方面。然而,大数据时术的来临,又确实给高校人事档案管理的数据库建设带来了前所有的冲击与挑战,深刻分析和认识这些冲击与挑战有助于加深我们对大数据时代高校人事档案数据库建设的认识,以便更好地服务于高校人事档案管理创新。

在大数据时代背景下,高校人事档案管理的数据库建设面临的挑战主要表现为以下几个方面:①在大数据时代背景下,高校人事档案数据库的完整性面临挑战,如何在海量的数据洪流中筛选有价值的数据信息以及整合多种形式和多个部门的档案数据,成为高校人事档案管理数据库完整性建设的难点;②在大数据时代背景下,高校人事档案数据库的数字化程度偏低,难以适应大数据时代高校人事档案管理数据库建设的动态性、数字化的要求,如何充分利用大数据时代的现代信息技术并以数字化形式呈现高校人事档案,成为高校人事档案数据库建设的重点;③在大数据时代背景下,高校人事档案管理数据库安全性建设不足,难以适应大数据时代高校人事档案管理对高校工作人员权益保护的要求,因此,如何在大数据时代加强高校人事档案管理数据库的安全性,防止高校工作人员的隐私泄露和权益受损成为高校人事档案管理的关键点。

(三)高校人事档案管理制度建构与创新相对不足

新制度主义学派分析了制度创新与制度建构的重要价值和意义,最为突出的一点是制度建构与制度创新可以稳定人们预期,且有效规制人们的行为。然而,在大数据时代的背景下,高校事档案管理制度相对滞后、制度创新明显不足的问题愈发突出。高校人事档案管理制度建构与制度创新的不足,使得高校人事档案管理随意性、不规范的问题较为明显,并给高校人事档案管理创新带来极为严峻的现实挑战。

在大数据时代背景下,高校事档案管理的制度建构与制度创新相对不足,主要表现为以下几个方面:①在大数据时代背景下,以计划经济为支撑、以“管控”为主导的高校人事档案管理制度越来越难以满足高校人事档案管理发展的实际需要,要着力建构与市场经济相契合、以“服务”导向的高校人事档案管理新制度,这是大数据时代背景下高校人事档案管理制度创新与制度建构的总体目标;②在大数据时代背景下,完善与创新高校人事档案的日常管理制度,不断适应大数据时代背景下高校人事档案管理数字化、信息化与规范化的发展趋势，这是大数据时代背景下高校人事档案管理制度建构与制度创新的基本任务；③在大数据时代背景下，优化与完善高校人事档案新旧管理制度的衔接机制，弥补高校人事档案数字化管理转型的管理制度真空，这是大数据时代背景下高校人事档案管理制度建构与制度创新的当务之急。

总之，在大数据时代背景下，高校人事档案管理创新工作的开展既迎来了重要的发展契机，又面临着严峻的现实挑战，可以说，“大数据”对于高校人事档案管理创新恰恰类似于一把优劣兼备的“双刃剑”。在新的时代背景下，充分利用大数据时代带来的管理理念、管理技术和管理理论的便利，并且成功化解大数据时代引致的团队建设、数据库建设、管理制度建设等方面的挑战，成为大数据时代背景下高校人事档案管理创新工作有效开展的重要课题和关键所在。

第三节　高校人事档案数字化管理的现状分析

根据《高校档案数字化技术规范》(GB/T 33870—2017)中的相关规定，高校人事档案数字化是指采用扫描仪等设备对高校人事档案进行数字化加工，将其转化为可存储在磁盘、光盘等存储介质上，能被计算机识别，数字方式可信、可取和可用的数字图像或数字文本的处理过程。高校人事档案数字化建设进程的推进，进一步提升了人事档案管理的信息化水平。

一、高校人事档案数字化现实意义

(一)异地备份，防范档案篡改

传统纸质档案修改会留有痕迹，虽然数字化后的人事档案信息修改及编辑不会留有痕迹，影响人事档案真实性，但可通过对其进行异地备份，有效解决档案篡改问题。例如，将某机关的高校档案数字化后的电子文件分别交由组织部、档案局和上级教育主管部门进行备份，后期在利用过程中发现有可疑修改痕迹的，可与备份单位进行原扫描件核对，能够彻底杜绝档案被篡改问题。

（二）保护原件，缩短查询时间

传统纸质档案管理模式下，利用时会翻阅原始档案，缩短档案原件的保存寿命，档案信息查找效率低下。但在信息条件下，利用计算机对档案原件进行扫描成电子档案，并对其进行数字化处理，制作干部人数档案的数字化副本，原件在后期利用过程中不再受到侵扰，有利于原件的保护。

（三）综合评价，利于人才管理

随着高校制度改革的深入，干部的选拔、任用发生了很大变化，在倡导国家治理体系治理能力现代化的大背景下，高校档案数字化，实现了人事档案资源的共享，通过对高校的人事档案进行分析，掌握机关人事档案的年龄结构、知识结构、学历结构等，可以为高校人才现状分析，紧缺人才引进做出科学的判断，对干部的调整、选拔和任用提供第一手信息，提高人才使用和管理效率。

二、高校人事档案数字化可行性

（一）出台标准，提供操作规范

随着高校教育改革的深入，以及高校人事档案管理的现实需要，高校档案数字化进程显著加快。根据《全国组织系统信息化工作规划》的相关要求，中组部从2006年起开始研究包括高校档案在内的干部人事数字化技术及实施办法，并在2011年起正式采用统一采集软件对中管干部数字档案管理，《纸质档案数字化技术规范》等系列档案管理标准规范的陆续颁布实施，为高校档案数字化提供了可靠技术保障。

（二）专项审核，创造有利条件

近年来，国家加强了干部人事档案质量的严格把控，为高校档案数字化创造了有利条件。2014年以来，中组部进行两次大规模的干部人事档案专项审核工作，对干部人事档案进行了一次拉网式排查和深度“体检”，并对档案材料查漏补缺，重点审核干部的“三龄两历一身份”，即年龄（出生日期）、党龄（入党时间）、工龄（参加工作时间），干部的学历学位和工作经历，以及干部身份，通过专项审核将领导干部信息进行认定与固化[①]。

（三）技术进步，夯实应用根基

高校档案数字化建设的关键和核心是数字化技术的发展、进步，及其在档案管理领域中的实际应用。如高校档案管理网站、局域网的建设为数字化提供过硬的网络基础；计算机、扫描仪以及专门的高校档案信息管理系统，为数字化提供有力的软硬件设备支持。此外，图像数据压缩技术、数据存储技术、数据交换技术、数字证书等身份认证系统等，一系列先进的技术应用，为高校档案数字化提供了成熟的软硬件条件。

三、高校人事档案数字化现状分析

（一）数字化程度不高

长期以来，受到传统的高校管理体制的影响，管理方式多以手工操作为主，人事档案数字库系统尚未完全建立，缺少专门的管理软件，无论是硬件配置，还是软件应用都难以保障新时代高校档案管理的现实需要。近年来，加大了数字化进程，但之前已归档的高校档案（“存量”）尚未实现数字化全覆盖，录入数据库中的高校档案信息更新不及时、不完整，以致高校档案数字化水平较低，影响了高校档案的查询利用。

（二）数字化能力不强

目前从事高校档案管理队伍的现状分析来看，既熟悉高校档案业务理论知识，又精通计算机管理、数字化技术应用的复合型人才十分短缺。人事档案大多是从办公室、人事科等人员兼任，缺乏系统的人

①杨道远．大数据时代高校辅导员发展创新路径探析[J]．学校党建与思想教育，2020(20)：78-79+82.

事档案业务培训,数字化技术、通信技术以及计算机网络技术的掌握和应用也需要一个相对较长的时间保障,需要在实践中不断提升动手能力,这些因素都成为制约高校档案管理人员素能提升的重要因素。

(三)数字化利用薄弱

档案价值的发挥在于其利用。但从当前高校档案数字化管理的现状来看,一方面,用人单位对高校档案信息掌握不全面,影响了高校档案信息的查询和利用;另一方面,高校档案工作者对高校档案的数据内涵资源没有充分的开发,使后期高校档案数字化缺少必要的信息支撑。高校档案数字化管理所需的经费保障不足,设备软件更新不及时,系统未定期升级,客观上也是限制高校档案资源开发利用的重要因素。

四、高校人事档案数字化对策建议

(一)内容期推动数字化进程

对已经归档的早期高校人事档案进行专门的数字化,安排专人负责对其进行扫描、整理、编目,对“存量”人事档案进行数字化。重点做好近期或者增量档案的数字化进程,利用全国高校档案专项审核成果逐步推进人事档案数字化,先进行领导干部的(已做过专项审核,信息已认定一致)进行数字化扫描,然后再对普通职工(正在进行专项审核)的人事档案进行数字化,丰富高校档案数字化馆藏资源。

(二)基础期加大数字化投入

要高度重视高校档案数字化工作,给予人事档案数字化管理必须的人、财、物的支持和保障。要结合机关人事档案数字化管理的工作职责、工作任务和工作量,合理增添安排人手,解决人员短缺的难题;加大经费投入的保障力度,添置计算机、扫描仪、照相机等,购置正版的人事档案管理软件,以及相关的杀毒软件等,确保高校人事档案数字化管理所需的软硬件条件。

(三)队伍期加强数字化培训

人事档案管理队伍的专业素质是高校档案数字化管理的保障和

关键。档案管理部门要高度重视档案人员的业务知识培训,树立终身学习理念,注重队伍的专业化素质提升。通过聘请数字化领域的专家前来开展讲座等途径不断提高档案人员的数字化管理水平,培养、吸收和用好档案管理人才,尤其是一些具有档案专业知识背景,具有良好发展潜质的青年人才,将其输送至高校等专业机构接受系统培训,提升档案管理人员的综合业务素能。

(四)管理期完善数字化制度

针对高校档案数字化管理现状,创建一套符合组织人事部门实际需要的数字化档案管理制度。要结合高校档案管理工作的保密性、安全性要求高的特点,探索制定和完善高校档案信息采集、纸质档案与数字化档案双套制管理模式;完善高校档案查询利用制度,建立严格的数字化档案检索、查阅审批制度;做好档案数字化管理系统的授权审批制度,严格审批用户登录,定期对计算机软件系统进行终端授权,明确用户责任权限。此外,还要积极探索数字档案"日扫描周备份"制度,安排专人定期对高校档案进行数据备份,确保应档尽档,应数字化尽数字化。

第四节 大数据时代高校人事档案管理数字化实现的条件和机制

一、高校人事档案管理数字化实现的条件

大数据时代,高校人事档案数字化已成为必然的趋势,数字化的实现有赖于大数据所提供的各种理论与技术,也可以说,大数据为高校人事档案从录入到存档管理都提供了一定的基础。总体来讲,高校人事档案管理数字化得以实现,主要有赖于历史条件、人员条件、硬件设备条件、理论条件以及政府政策的支持。

(一)高校人事档案管理数字化实现的历史条件

关于传统人事档案管理的发展脉络笔者已经进行过详细的论述。

人事档案管理经历了如此悠久的历史发展，充分表现出我国人事档案管理的经验和底蕴的深厚。传统的人事档案管理在面对档案数字化时虽已无优势可言，但如此深厚的历史在纸质档案收集、档案保存和档案转移方面，必然对当代高校人事档案管理数字化有所启示。

1. 档案数字化时代，纸质档案还是有其存在价值的

传统时期，纸张作为档案信息的载体，为人事档案的兴起和发展奠定了重要基础。在历史长河中，纸张在信息的保存中扮演了重要角色，它的存在使历史得以书写，人事档案信息得以保存。当代档案收集过程中，档案信息最初阶段还是要以纸质的形式存在的。在收集档案信息时，纸质档案填写可以确保是档案主体本人所填写，保证个人信息的真实性。并且，高校人员职务或者职称变化较快，可以有效更新现存档案，在此之后再参照纸质档案内容，将个人档案信息录入档案数据库。在这一过程中，可以对档案内容是否属实进行进一步确认，保证档案内容真实。

2. 传统档案保存方式和方法技巧，为高校档案数字化管理得以真正实施奠定了基础

可以说，传统纸质档案保存得当，是高校人事档案能够数字化的前提。由于传统高校人事档案都是以纸质的形式存在的，而在档案数字化之时，传统高校人事档案保存是否足够完整，保存方式是否合理，决定了将纸质人事档案信息转变为电子档案信息所应用的时间长短和空间大小。此外，传统高校人事档案分类、统一保存也延长了档案保存的时间，提高了数字化档案的质量。同时，电子档案的存在并不是意味着纸质档案退出历史舞台，纸质档案仍然以其特有形式存在，只是在现实生活、工作中会尽量减少对其损耗，这就决定了传统人事档案管理在大数据时代依然有其用武之地。

3. 传统人事档案的转移一般都是借助于人力、物力进行机械的搬运

这种相对落后的转移方式，能给高校人事档案管理数字化带来何种启示？有什么是值得高校人事档案管理数字化借鉴的？其实，档案

数字化确实降低了档案转移的成本，电子档案只需在档案所需双方进行简单传输即可。但正如之前所论述的，纸质档案是被彻底保存，并不是不再存在，在这一过程之中，需要传统人事档案管理方法，确保档案原件在转移过程中，能够不出现任差错。从转移档案之前的准备、档案转移过程、档案转移之后到转移之后的档案与数字化档案之间的联系是否发生变化等，需要进行传统借鉴[①]。

（二）高校人事档案数字化实现的人员条件

人事档案工作历来存在封闭保守、被动服务的思想观念，这一定程度上束缚并影响到人事档案工作的开展和人事档案作用的发挥。但是随着高校人事档案数字化建设的推进，高校人事档案从业者的素质也发生着极大的转变，就高校人事档案从业者个人而言，其知识储备不断丰富和增加，管理人员素质也不断得到强化，整个高校人事档案管理团队建设也逐步增强。

1.高校人事档案管理人员关于数字化档案管理的知识量不断增加

传统上，高校人事档案管理部门可以说是高校最不起眼的一个部门，有些高校甚至将人事档案管理部门作为离退休人员或者职工家属安置点，这种方式根本没有考虑到人事档案管理对于高校现代化的重要性。机构内部的人员很少有专门从事过人事档案管理工作的，其相应知识储备和管理能力也自然没有其所应具备的那样丰富。而随着大数据给整个社会和人类带来的变化，掌握基本科技知识已经成为许多管理者最基本的能力。造成这种情况的原因主要是由于社会竞争激烈，高校在招聘或者引进人事档案管理者时首先注重的就是其对数字化档案管理的基本操作知识对包括电脑在内所有基本硬件设施的应用能力以及对数据库建设和现今管理理念的熟练掌握，这一些都是当下高校档案管理人员所具备的基本能力。

2.高校人事档案管理人员个人素质也不断得到强化

高校人事档案存在的意义就是其可以为高校和档案主体所利用。

①刘彦梅．大数据背景下高校图书管理信息化研究[J]．国际公关，2020(11)：273-274.

人事档案极其强调保密的重要性，其内容很多需要恒久保持一种保密的状态。这就需要高校人事档案管理人员拥有超强的个人素质和保密能力，确保其不会随意泄露和出卖人事档案信息。数字化高校人事档案的管理人员，个人素质出众，在具有较强的保密能力之外，会主动走出去，主动提供服务，对自身进行准确定位，用先进理念为档案相关人员提供优质服务。

3. 高校人事档案管理团队建设也是高校人事档案管理数字化建设得以实现的重要条件

传统时期，人事档案管理主要依靠个人管理，在管理方式落后的状态下，各管理主体之间交流甚少，整个高校人事档案管理缺乏一个有效的团队。信息化的管理理念是高校人事档案管理得以优化的关键，高校人事档案管理是一个与时俱进的过程，而人事档案管理团队建设也逐渐兴起。在摆脱传统“看摊守堆”理念的基础之上，高校人事档案管理逐步向专业化迈进，人事档案管理团队内部分工明确、管理人员各司其职。随着档案管理等专业的发展，将计算机技术和档案管理理念相结合的全方面人才已经被引进到高校人事档案管理团队中来，这一团队牢固树立起信息服务观念。另外，这一团队的存在，细化了人事档案管理的流程，档案管理分工细致，能够针对外界环境变化做出迅速而有效的反应。

（三）高校人事档案数字化实现的硬件条件

高校人事档案数字化实现的硬件条件主要是指高校人事档案管理基础设施的建设，而高校人事档案数字化实现在现实中所依赖的主要有计算机设备、保存档案的库房、电子设备。这些硬件设施都在一定程度上成为档案数字化得以实现的条件。

高校人事档案数字化实现的硬件条件之一是计算机设备的引进和应用。随着其在社会经济发展和社会管理方面的作用越发增强，高校人事档案管理也受其影响。现在，几乎所有的高校都大量采购计算机设备用于学校日常管理和服务，这一现象也影响着人事档案管理。各大高校人事管理部门都顺应时代潮流，将计算机设备采购和维护纳入档案日常管理重要事项，并且，为了满足人事档案数量的不断增加、内容的不断多元化，高校所引进的计算机通常配置较高、性能较好，这极大地促进了高校人事档案管理数字化进程，为高校人事档案管理数字化的实现和更进一步发展提供了有利的条件。

高校人事档案数字化实现的硬件条件之二是保存档案的库房建设。库房建设主要包括两方面：一方面是方便纸质档案保存；另一方面是便于存放计算机设备的服务器。对于前者前已述及，电子档案的建立并不意味着传统纸质档案的消失，既然纸质档案必须存在，那就要有一定空间供其存放。至于后者档案数字化需要大量的计算机，而这些设备要想发挥其应有的功能和作用就要将设备连接到一定的服务器之上，而这些服务器需要占用大量空间。与前者相类似，当下各大高校都会建立属于自己学校的网络服务中心，而高校人事档案管理建设离不开这种能够存放服务器的物理空间，因此，基础空间的存在是高校人事档案数字化的重要条件之一。

高校人事档案数字化实现的硬件条件之三是电子设备的存在和发展。传统高校人事档案转化为电子档案需要通过人工将其输入到计算机数据库，在此过程中，文字可以通过人工输入转化为TXT、DOC等格式文件，而图像和音频文件则需要经过数字图像技术才能完成，并转化为MP3、WAV等格式。现今社会，科技革命影响着社会各个方面，数码相机、扫描仪等先进的数码设备不断地更新换代。在此种背景之下，高校依靠其强大的教育财政支持，不断对其所拥有的数字设备更新换代以适应快速发展的高效管理节奏。高校人事档案管理也搭乘这一革新快车使得电子设备成为高校人事档案数字化实现的硬件。

（四）实现高校人事档案管理数字化的理论条件

马克思主义倡导理论与实践相辅相成，二者辩证统一、缺一不可。这其中，理论是实践的基础，它是前人在不断的实践中总结出来的，也需要在实践中不断地完善。高校人事档案管理数字化的实践，也与档案管理理论发展密不可分。只有档案管理理论的产生和发展，才使高校人事档案管理得以实现。

第一，档案管理理论的发展为高校人事档案数字化提供了条件。档案管理包括档案事业管理和档案资源管理。档案事业管理是研究档案工作的产生与发展以及档案管理的思想发展，它主要研究的是整个档案管理的功能和手段。档案资源管理是指对档案实体管理系统、档案信息开发系统以及信息反馈系统的总体研究。这两方面理论的发展一则促进了高校对档案事业管理的重视，二则激发了高校对档案资源管理理论的探索。同时，档案资源管理理论也使档案数字化发展有了一定的理论依据，为高校人事档案管理数字化提供了重要的条件。

第二，数据库系统理论的发展为高校人事档案管理数字化提供了重要条件。高校人事档案管理数字化并不仅仅是纸质档的电子化，目的是要提供数字化的服务，“因此在前台显示界面上就要尽可能多地提供各种检索条件，检索条件中的字段设置可以根据数据库中的表字段重要性来定。实现方式上应该是根据检索条件从总表中选中命中的记录动态，生成符合要求的查询结果。”

（五）高校人事档案管理数字化的政策条件

要实现高校人事档案数字化，政府和学校的政策支持必不可少，特别是在我国当下的环境之中，政策法令的支持对于推行一项工程或者项目来说至关重要。当下高校人事档案政策化主要是对人力、财力和法律法规等方面的建设。

1.人力资源建设是高校人事档案数字化实现的政策条件

人力资源是高校人事档案管理的基础。现今高校职工招聘对学历和专业的要求都相当严格，特别是人事档案管理这种专业性较强的岗位都要求从业者具有相关的管理经验。人事档案管理岗位的人员也摆脱了安置闲置人员的传统状态，正式向全社会进行公开招聘，这种形式有利于提升从业者的质量。另外，这种人力资源建设也有利于促进组织内部各成员间的良性竞争，提升组织整体核心竞争力。与此同时，当下一部分高校关于档案管理者由“铁饭碗”、有编制，转变为与高校签订就业合同的政策出台，也是强化对管理者的管理，提升对高校人事档案管理者的业务要求，进而提高高校人事档案数字化实现的重要条件。

2.财政投入是高校人事档案管理数字化实现的政策条件

无论在政府、企业或是其他社会组织，资金投入对于组织整体建设都具有重大作用，是组织进行改革创新的动力和基础，这一点对高校人事档案管理数字化同样适用。改革开放以来，随着国家在教育领域的投入逐渐增多，高校资金已由过去的紧缺变为充裕，这给高校基础设施建设注入了活力。高校人事档案管理数字化建设需要大量资金投入，投入的资金用于购买计算机设备和电子设备、人事档案管理软件以及对有突出贡献的人事档案管理者进行奖励，进而提升他们工作的积极性，激发他们的创造性。

3.法律法规是高校人事档案管理数字化实现的重要保障

法律与法规的建设是保障国家各项事业得以稳步前进的后盾，高校人事档案管理也需要通过法律和法规的建设才能够实现真正的规范化。

大数据的现实发展为以上这些高校人事档案管理数字化条件的存在，为整个高校管理现代化的实现以及高校整个管理过程和管理流程的再造提供了“原材料”。

二、高校人事档案管理数字化实现的机制

时代的发展为高校人事档案发展提供了众多的便利条件，从人才到资金再到基础设施，都很好地适应了高校人事档案数字化的节奏。而高校人事档案数字化条件得以实施之后还必须具有一定的实现机制。所谓高校人事档案实现的机制是指高校人事档案管理作为一个有机整体，其内部的功能、构造及相互关系，或者也可以说是各个部门或各个部分之间能够相互协调，进而更好地发挥高校人事档案管理作用的一种运行方式。

（一）高校人事档案管理数字化实现的体制功能路径

体制对于整个组织工作机制运作极为重要。档案管理数字化要想成功实现，离不开管理成员勤勤恳恳的工作，只有档案管理人员全

身心投入到档案管理数字化过程,高校人事档案数字化实现才能稳步实现。这就需要合理应用体制功能路径,运用管理学理论之中的激励机制、制约机制和保障机制来进行探索。

(二)高校人事档案管理数字化实现的制度运作形式途径

与时代发展相适应,为实现高校人事档案管理数字化,高校和政府对其内部结构和功能进行了相当多的制度性调整,并以此来建立能够适应高校人事档案管理数字化的机制。通过这种制度性调整,达到转变机制的目的,改变传统的国家档案管理过程中存在的种种问题。这种新的制度运作形式的微小调整看似不起眼,但对高校人事档案管理数字化实现以及适应大数据发展却是极为重要的。

第五节 大数据时代高校人事档案管理数字化实现的策略

在高校人事档案数字化管理过程中,应当在坚持上述基本原则的基础上采取措施积极推动实施高校人事档案数字化管理,具体而言,主要包括:积极以“服务”为取向重塑档案管理理念,以“高效”为目标加强管理团队建设,以“安全”为导向建设档案数据库,以“规范”为方向理顺档案管理制度,以“完备”为标准加强基础设施建设。

一、以“服务”为取向重塑档案管理理念

服务性原则是高校人事档案数字化管理的首要原则。在服务性原则的指导下,传统的“管控”思维和管理理念已然难以满足高校人事档案管理事业发展的需要,高校人事档案管理部门必须努力实现以“服务”为取向重塑档案管理理念。具体而言,必须做到以下两点:①在高校人事档案数字化管理过程中,以“科学发展观”为指导重塑高校人事档案数字化管理的管理理念,突出人事档案的服务功能[①]。②在高校

①王涉. 大数据视角下高校财务管理信息化建设的思考与实践[J]. 中国市场,2020(29):192-193.

人事档案数字化管理过程中，应当顺应大数据时代的发展需要，树立动态化、全面化、多元化的管理理念，以便增强高校人事档案数字化管理的服务功能。

总之，在高校人事档案数字化管理过程中，应当以科学发展观为指导，顺应大数据时代背景下的发展需要，积极推动实现管理理念从“管控”到“服务”的系列变革，树立以人为本的人文情怀，全面协调可持续的发展观念，动态化、全面化、多元化的管理理念，以积极发挥高校人事档案数字化管理的服务功能，不断地提高高校人事档案数字化管理的服务能力，努力改善高校人事档案数字化管理的服务效果。

二、以“高效”为目标加强管理团队建设

管理团队建设不足也是制约高校人事档案数字化管理团队中人员素质提升的关键因素，而加强管理团队建设是破解高校人事档案数字化管理团队中人员素质偏低这一困境的根本措施。在高校人事档案数字化管理过程中加强管理团队建设需要以高效为目标导向，打造一支专业化素质比较强、复合型人才比较多、梯队分布相对合理的高素质、高效率的管理团队。

为此，加强管理团队建设需要从以下三个方面展开努力：一是加强管理人员的专业化、专职化建设，构建专业化人才队伍；二是加强管理人员的综合培训，培育复合型人才队伍；三是加强管理人员的梯队建设，形成梯队合理分布的管理团队。

（一）加强管理人员的专业化、专职化建设，着力构建专业化程度比较高的高校人事档案数字化管理人才队伍

高校人事档案数字化管理人才队伍建设的首要任务是加强管理团队的专业化、专职化建设，提高管理人员的专业化程度。

为此，需要从以下几方面入手：其一，加强领导对高校人事档案数字化管理人员专业化的重视程度，这是高校人事档案数字化管理团队专业化、专职化建设的重要保障。其二，严格高校人事档案数字化管理人才招聘选拔的程序设计和素质条件，这是高校人事档案数字化管理团队专业化、专职化建设的关键所在。其三，不断增强高校人事档

案数字化管理人员的专业技能培训,这是高校人事档案数字化管理团队专业化、专职化建设的重点所在。

(二)加强管理人员的综合技能培训,大力培育复合型人才为主的高校人事档案数字化管理人才队伍

在大数据时代背景下开展高校人事档案数字化管理,对管理人才的要求越来越高,对复合型人才的需求越来越强烈,而目前以专业背景招募的高校人事档案数字化管理人才仍然只是能够完成某些专项任务的专门人才,为此必须采取措施提高管理人员的综合技能。一方面,要加强高校人事档案数字化管理人员的综合技能培训,不断丰富和完善高校人事档案管理人员的知识结构和理论储备。在大数据时代背景下,相关人事档案管理的从业人员"不仅需要具备图书、情报、档案学的专业知识,还需具备广博的知识、现代信息技术应用能力、信息加工处理能力、计算机网络及日常使用及管理维护等方面的知识"。高校人事档案管理部门要把综合技能培训常态化、制度化,并且在实践中不断地丰富和发展综合技能培训的形式。另一方面,加强管理人员外出交流学习实践的机会,积极借鉴高校人事档案数字化管理效果显著的团队建设经验。

总之,在高校人事档案数字化管理过程中,要注意采取形式多样的交流、培训等手段,不断地培育和发展高校人事档案数字化管理人员的综合技能,积极形成以复合型人才为主的高校人事档案数字化管理人才队伍,以便更好地服务于高校人事档案数字化管理实践发展的需要。

(三)加强管理人员的梯队建设,形成梯队合理分布、人员搭配良好的高校人事档案数字化管理团队

高校人事档案数字化管理不仅要注意满足现阶段的人事档案理需要,更要注意关注高校人事档案管理事业的长期可持续发展。毫无疑问,梯队合理分布、人员搭配良好的数字化管理团队既是满足高校现实发展需要的重要条件,又是高校人事档案管理事业持续发展的重要人才资源保障。着力加强管理团队的梯队建设,合理搭配管理团队的管理人员，既是加强管理团队建设的重要任务，也是破解当前高校人事档案数字化管理人才发展困境的现实要求。在大数据时代背景下，加强高校人事档案数字化管理人才的梯队建设需要注意以下几个方面。

第一，要注意综合考虑高校人事档案数字化管理人员的年龄结构、性别比例、知识层次、兴趣爱好、能力特长，并对其进行合理安排和精心搭配。这既是高校人事档案数字化管理梯队建设必须注意的方向，更是加强高校人事档案数字化管理在人才梯队建设的基本措施。高校人事档案数字化管理实践过程中，要立足实际情况和现有人才素质队伍的基础条件，合理地搭配和组合团队的年龄结构、性别比例、知识层次、兴趣爱好、能力特长，形成梯队合理分布的高校人事档案数字化管理人才队伍。

第二，要妥善处理梯队建设与现实人才素质要求的关系。现实的人才素质要求是满足高校人事档案数字化管理现实需要的重要人力资源条件，也是开展高校人事档案数化管理梯队建设的前提和基础；而高校人事档案数字化管理梯队建设是在满足高校人事档案数字化管理现实人才素质要求的基础上，对现实人力资源的合理配置与优化组合，以期充分保障高校人事档案数字化管理人才队伍的可持续发展。

总之，在高校人事档案数字化管理过程中，高校人事档案管理部门应当着力加强管理人员的专业化、专职化建设，积极构建专业化人才队伍；加强管理人员的综合技能培训，积极培育复合型人才队伍；加强管理人员的梯队建设，努力形成梯队合理分布的管理团队。通过一系列的管理团队建设，致力于打造一支以高效服务为目标、专业化素质比较强、复合型人才比较多、梯队分布相对合理的高素质、高效率的管理团队，为高校人事档案数字化管理的健康可持续发展提供重要的人力资源保障。

三、以“安全”为导向建设档案数据库

在高校人事档案数字化管理过程中，还特别强调人事档案数据库的安全性建设，人事档案数据库的安全性不仅涉及高校人事档案当事

人的个人权益，更是关系到高校人事组织部门的用人决策，还是关乎社会主义教育事业发展的大事。可以说，数据库的安全可靠，既是发挥高校人事档案服务功能的前提条件，又是贯彻落实“保密性”原则的基本要求。在当前高校人事档案数字化管理过程中，数据库的安全性问题较为突出，为此，建设高校人事档案数据库需要以“安全”为导向，重点加强数据库的安全性。具体而言，需要从以下几方面着手。

（一）完善高校人事档案数据库的功能开发，防范和降低高校人事档案数据库自身的风险问题

在高校人事档案数字化管理，数据库建设还存在着某些功能缺陷，这些问题的存在不仅是高校人事档案数字化管理过程中的重要风险，更是防范和化解风险的重要突破口。为此，高校人事档案数字化管理过程中，人事档案数据库的技术人员需要加强数据库的功能开发和完善，从源头上减少数据库风险的发生。例如，不断完善数据库的安全认证系统，所有查阅高校人事档案数据库的人员均需要通过相关的认证信息，对于涉及人事档案当事人隐私权的私密信息则需要更高一级的授权或许可。通过建立安全等级和授权体系，有助于在一定程度上防范和降低数据库的信息泄露风险，保障和维护人事档案当事人的隐私权益，增强高校人事档案数据库的安全性。

除此之外，还需要开发和制定安全性能较高的数据库系统软件，统一或基本统一数据库的存储格式，以服务于数据库分析和处理功能的发挥。高校人事档案数据库的存储格式千差万别，导致人事档案数据库的综合分析能力较弱，许多数据库的功能未能得到充分的发挥，同时也给数据库的安全维护带来了一定的困难。当然，除了完善高校人事档案数据库的功能开发，积极购买安全性能高的软件系统，也是防范和降低数据库自身风险的重要措施。

（二）规范人事档案管理人员的管理行为，防范和降低人事档案数据库的人为操作风险

高校人事档案数据库的安全性建设，不仅涉及数据库自身的安全性，更与人事档案数据库的管理人员息息相关，人事档案数据库的人

为操作风险也是数据库安全性建设面临的重要挑战。

在高校人事档案数字化管理过程中,人为操作风险主要是指在实践过程中管理人员由于操作不当而导致的信息损毁或信息缺失的现象,防范和化解人为操作风险便要从规范人事档案管理人员的管理行为,提高人事档案管理人员的安全意识入手。

具体而言,一方面,完善人事档案数据库管理的规章制度、管理细则,不断规范管理人员的管理行为,强化管理人员的安全意识,这是防范和化解人事档案数据库风险问题的关键所在。另一方面,加强人事档案数据库管理人员的安全意识培训和管理技能训练,这是防范和化解人事档案数据库风险问题的重要举措。

(三)不断更新与完善人事档案数据库的硬件设备与软件系统,保障人事档案数据库存储与应用的安全性

在高校人事档案数字化管理过程中,人事档案数据库的安全性还有赖于硬件设备和软件系统的安全运行,这是人事档案数据库安全性的重要载体和支撑。人事档案数据库的硬件设备诸如计算机、扫描仪、摄像机、照相机、移动硬盘、U盘、光盘等,均是人事档案数据信息转换、存储、分析、利用的重要载体,人事档案数据库的软件系统如数据库的管理信息系统,也是人事档案数据库运行的重要平台。

在高校人事档案数字化管理过程中,人事档案的管理部门需要加大专项资金投入力度,不断地更新和完善人事档案数据库的硬件设备和软件系统,从数据库的数据扫描、数据分析、数据运用、系统维护等各个环节都最大限度地降低数据库的安全风险,努力提升高校人事档案数据库的安全性能。

除此之外,还要加强人事档案数据库的软件系统研发,提供种类丰富的高校人事档案数据库管理服务系统,以增加人事档案数据库信息系统的选择范围,最大限度地实现硬件设备与软件系统的良性配套,这也是降低高校人事档案数据库风险,提高高校人事档案数据库安全性的重要手段。总之,在高校人事档案数据库建设过程中,管理部门应当重视人事档案数据库的硬件设备更新和软件系统完善,通过提供相对安全的信息存储载体和存储平台，最大限度地降低人事档案数据库风险的发生，最大限度地维护人事档案数据库的安全运行。

（四）不断优化与提升人事档案数据库的管理技术和管理手段，最大限度地降低人事档案数据库的管理风险

人事档案数据库的管理技术先进与否，不仅关乎人事档案数据库的内容建设，更是关系到人事档案数据库的安全性建设。在高校人事档案数字化管理实践过程中，完善高校人事档案数据库的安全性建设，还需要不断地优化和提升人事档案数据库的管理技术手段，以先进的管理技术手段来降低人事档案数据库的管理风险。

为此，需要注意以下几点：一方面，高校人事档案管理部门应当注意人事档案数据库的管理技术研发和运用。高校人事档案数字化管理在实践过程中，应当加大对管理技术研发和应用的扶持力度，提供专项研发资金，搭建专门技术人才队伍，以提供最为便捷的条件支持管理技术的研发和应用。另一方面，在高校人事档案数字化管理过程中，管理部门还应当充分发挥各种管理技术的优势和集体合力。任何一种管理技术都有其适用领域和优势局限，高校人事档案数据库的管理人员，应当看到这些管理技术的优势与不足，充分发挥管理手段的优势，努力规避管理手段的不足，同时积极发挥多种管理手段、管理技术的集体合力，努力提高高校人事档案数据库的安全性。

四、以“规范”为方向理顺档案管理制度

人事档案数字化管理制度是人事档案数字化管理有效实施的制度保障，在高校人事档案数字化管理过程中，应当充分发挥正式制度的约束和规范作用，充分保障人事档案数字化管理实践有章可循、有据可依。在当前，理顺高校人事档案数字化管理制度，需要以“规范”为方向和要求理顺总体性的管理制度框架、具体的日常管理制度，完善相关的配套制度，以建立起以“服务”为核心取向的契合社会主义市场经济发展需要的高校人事档案数字化管理制度。具体而言，在高校人事档案数字化管理实践中，完善高校人事档案管理制度需要从以下几方面入手。

(一)以服务为核心价值取向重塑制度设计理念,加强高校人事档案管理的总体性制度设计

现代人事档案管理制度是指导高校人事档案数字化管理实践的总体制度,具有统摄性的意义和价值。在高校人事档案管理过程中,作为总体指导的制度规范是国家颁布的《中华人民共和国档案法》以及中组部印发的《干部档案工作条例》,这些指导原则的总体性设计理念仍然以管控为主导,服务性功能未能得到充分的发挥,特别是对高校人事档案数字化管理的总体制度设计相对欠缺,难以满足高校人事档案数字化管理的总体性制度要求。

在大数据时代背景下,高校人事档案管理数字化的发展趋势日趋明显,实施高校人事档案数字化管理实践势在必行。然而高校人事档案管理数字化的总体制度规范依旧十分欠缺,制度理念更是管控而非服务,以计划经济为支撑、以“管控”为主导的高校人事档案管理制度越来越难以满足高校人事档案管理发展的实际需要,要着力建构与市场经济相契合、以“服务”为导向的高校人事档案管理新制度。

为此,在今后的高校人事档案数字化管理实践中,要加强总体性的顶层制度设计,重塑以“服务”为主导的制度设计理念。“通过改革和创新,使人事档案管理制度的功能由过去凌驾于个人之上,对人实行简单的控制逐步转化成为相对人的发展与流动提供相应的信息、信用证明和服务。人事档案管理制度只有削弱控制功能而强化服务功能,才能真正实现对的宏观管理,从而全面提升人事档案管理工作的层次。”可见,高校人事档案数字化管理在实践过程中,必须积极实现从“管控”向“服务”的价值转型和观念重塑,在总体制度框架设计时更加注重服务高校人事档案管理事业的发展需要,充分满足高校人力资源优化配置的多样需求,努力提高高校人事档案管理发展的新境界和新水平。

(二)以规范有序为指导加强高校人事档案数字化管理的日常管理制度建设,使人事档案数字化管理实践有据可依、有章可循

在高校人事档案数字化管理实践中,除了精心设计高校人事档案的总体性管理制度,还要设计人事档案的日常管理制度,这是指导高校人事档案数字化管理实践的具体管理制度。高校人事档案管理的日常管理制度,可以有效地规范和约束高校人事档案管理人员的日常行为,进而促进高校人事档案日常管理的规范化、程序化、科学化。完善人事档案数字化管理的日常管理制度,不断提高人事档案数字化管理的制度化、规范化、科学化水平是高校人事档案数字化管理制度建设的关键所在。

在具体的制度设计中,应该逐步完善高校人事档案数字化管理的档案归档、档案甄别、档案转换、档案保管、档案分析、档案利用等环节的分类管理制度,严格把关高校人事档案数字化管理实践中的各个环节和流程,努力实现高校人事档案数字化管理的规范化、程序化、科学化,使高校人事档案数字化管理实践在制度规定约束内有序运转和良性发展。在大数据时代背景下,高校人事档案管理数字化制度创新实践中,应当特别重视日常管理制度的实践探索,努力适应大数据时代背景下高校人事档案管理数字化、信息化与规范化的发展趋势,不断完善与创新高校人事档案的日常管理制度和相关规定,这是大数据时代背景下高校人事档案管理制度建构与制度创新的基本任务,也是高校人事档案数字化管理实践过程中制度创新的重要方向,更是服务高校人事档案管理事业发展的必然要求。

(三)不断完善高校人事档案数字化管理相关的制度文化和配套制度,为高校人事档案数字化管理制度的顺利实施提供良好的外部环境支持

在高校人事档案数字化管理过程中,以管控为主导的制度文化的严重束缚以及辅助高校人事档案日常管理制度的配套制度建设滞后,是高校人事档案数字化管理制度建设中的突出问题,为此,在高校人事档案管理过程中,要积极建构以“服务”为主导的制度文化,努力强化高校人事档案数字化管理人员的服务意识,努力开发高校人事档案数据库和数字化管理技术的服务功能,为高校人事档案数字化管理制度的有效实施提供良好的外部文化支撑。

在高校人事档案数字化管理实践中，还要完善高校人事档案数字化管理制度的配套制度，具体而言主要体现为积极建构高校人事档案数字化管理实践中管理人员的绩效考核制度，这是人事档案数字化管理制度顺利实施的外部条件。高校人事档案管理的绩效考核制度设计过于粗放，给高校人事档案数字化管理实践带来很大的挑战，数字化管理实践中管理随意性问题较为突出，为此，应当强化高校人事档案管理人员的绩效考核制度设计，明确和细化高校人事档案数字化管理实践中的管理责任和相关的任务考核指标，以便通过制度约束和量化考核的方式规范高校人事档案数字化管理人员的管理行为，进而保证高校人事档案数字化管理制度的有序实施和良性运转，从而更好地服务于高校人事档案管理事业的发展需要，充分满足高校人力资源优化配置的多样需求。

总之，高校人事档案管理在运行过程中，应当积极建构以服务为核心价值取向的现代高校人事档案管理制度，积极完善高校人事档案数字化管理的日常管理制度，不断培育和建设维系高校人事档案数字化管理实践的良好的制度文化和配套制度，为建立规范化、科学化的高校人事档案数字化管理制度奠定坚实的基础，以便更好地服务于高校人事档案管理事业发展需要。

五、以“完备”为标准增强基础设施建设

在高校人事档案数字化管理过程中，基础设施建设也是十分重要的，高校人事档案数字化管理的基础设施建设主要包括硬件设备的更新、软件系统的完善以及网络实施的优化，这是高校人事档案数字化管理实践有序开展的重要条件和基础。在高校人事档案数字化管理过程中应当以建构功能完备、设施齐全的基础设施为目标，不断完善高校人事档案数字化管理的硬件设施、软件系统以及网络设施建设。具体而言，主要从以下几方面努力。

（一）不断完善高校人事档案数字化管理的硬件设备、办公场所等硬件设施，为实施高校人事档案数字化管理创造良好的基础条件

高校人事档案数字化管理在运行过程中，硬件设施诸如办公场

所、计算机设备、移动硬盘、U盘、摄像机、扫描仪、照相机等，是实现人事档案数字化管理必不可少的基础设施和办公条件，然而，在各地的高校人事档案管理过程中，仍有不少高校的这些基础设施十分欠缺。

需要采取措施完善高校人事档案数字化管理的硬件设施。一方面，加强领导基础设施建设的重要性认知，加大基础设施投入的经费支持力度，提供专项资金予以财力保障。另一方面，高校人事档案数字化管理在运行过程中，还需要相关管理人员对数字化管理的硬件设施进行及时维护和管理。

（二）不断完善高校人事档案数字化管理的软件系统，以便更好地满足高校人事档案数字化管理的现实需求

“人事档案信息数字化管理的重要基础是其所依赖的配套设备、应用软件、操作系统等，这也是人事档案数字化信息在读出和检索等方面的技术基础。”在高校人事档案数字化管理过程中，除了硬件设备的建设，软件系统也是十分重要的，软件系统在人事档案管理过程中不仅是人事档案数据库运行的重要技术支持，更是数字化管理得以实现的关键所在。然而，就目前而言，高校人事档案数字化的软件管理系统依旧十分欠缺，而已有的软件管理系统又存在着较为突出的安全问题，这不仅给高校人事档案数字化管理的数据库建设带来严重挑战，更使高校人事档案数字化管理实践陷入现实的困境。

为此，必须采取措施不断地完善人事档案数字化管理的软件系统，具体而言，应当从以下两方面入手：一方面，要加大经费支持力度，配备相关的技术研发人员，积极推动高校人事档案数字化管理的软件系统研发和功能完善。另一方面，积极提高高校人事档案数字化管理过程中软件系统的实践应用程度，为高校人事档案数字化管理实践的顺利开展奠定坚实的基础。

（三）不断优化高校人事档案数字化管理的网络设施，以便更好地服务于高校人事档案数字化管理实践的发展需要

在高校人事档案数字化管理过程中，除了硬件设施、软件系统外，人事档案数字化管理的网络设施也是十分关键的。在高校人事档案数字化管理的运行过程中,网络设施和网络设备既是高校人事档案数据库安全性建设的重要条件,也是高校人事档案数字化管理的重要保障和现实条件。然而,在目前的高校人事档案数字化管理过程中,受制于经费投入的有限性,互联网网络与局域网建设仍然相对滞后,难以满足人事档案数字化管理的需要。

为此,必须顺应大数据时代对数字化处理速度的要求,积极采取措施努力提高高校人事档案数字化管理的网络设施和网络服务质量,以更好地满足高校人事档案数字化管理实践的需要。一方面,加大经费支持力度,不断添置高校人事档案数字化管理的网络设备,改善网络设施的硬件条件;另一方面,要顺应大数据时代对网络数据处理速度和传输速度的要求,购买服务性能更稳定、网络速度更高的网络带宽,完善人事档案数字化管理的局域网,为高校人事档案数字化管理完善高校人事档案数字化管理的网络服务设施创造条件。

总之,高校人事档案数字化管理在运行过程中,应当通过不断完善网络服务设施,提供性能更为优越的网络服务质量,来满足高校人事档案数字化管理过程中对网络传输速度、网络分析速度的需要,以便更好地服务于高校人事档案数字化管理事业的发展需求,更好地服务于高校人事档案当事人的多样化需求。

第六章 大数据时代高校后勤管理模式的改革与发展——精细化管理

第一节 高校后勤管理概要

一、高校后勤管理的内涵

顾名思义,高等学校的后勤管理是高等教育工作与管理工作二者在后勤领域的结合和运用。关于高校后勤管理概念的界定,目前国内学者有着不同的表述。一种认为:高校后勤管理就是政府、高校、后勤服务实体等主体为达到预定的经济和社会效益目标,而对高校后勤所进行的领导、计划、组织、协调、监督和控制活动。另一种认为:高等学校的后勤管理是通过高校后勤人员所进行的计划、决策、组织、协调和控制活动,对高校后勤部门的各种资源进行优化配置,在为全校教学、科研和师生员工生活提供各种物质基础、技术支撑和生活保障的过程中,利用行政调控、经济调节、思想政治教育等手段,以最小的代价,获取最大的利益,从而实现优质高效的服务育人、管理育人的根本目的。

以上两种解释从根本上讲没有实质性的不同,二者都认为高校后勤管理是管理者为了达到预期的目标而进行的计划、组织、协调、控制等活动。有所不同的是管理主体的范围界定,第一种观点认为高校后勤管理的主体应由政府、高校和后勤服务实体等构成,第二种观点则只强调了高校后勤人员。我们知道,管理从一般意义上理解,它是通过计划、组织、指挥、协调和控制等行为,对组织资源进行有效的整合以达到共同目标的社会活动①。

作为一种社会活动,它由管理活动的承担者——管理主体,与管理活动的对象——管理客体构成。由此,我们在分析认识高校后勤管理的概念时,既要借鉴管理科学的理论,又必须结合高等教育工作的实际与后勤工作的实际。因此,我们可以给高校后勤管理一个基本的解释:高校后勤管理是学校、校内后勤组织(后勤管理部门或后勤服务实体)和人员等,为了达成既定的目标而进行的计划、组织、指挥、协调和控制的活动。

二、高校后勤管理的对象

高校后勤管理的对象是指进入管理主体活动领域和过程中的资源要素和活动内容。根据管理对象的特性,可以概括地分为后勤资源和后勤业务活动两大类。

(一)后勤资源

后勤资源主要包括后勤人力资源、金融资源、物质资源、信息资源和后勤的关系资源等。

后勤的人力资源管理。是指在学校的后勤组织中拥有的后勤职工的技术、能力、知识以及他们的潜力和协作力。高校后勤的人力资源管理,主要是以人为本,运用现代化的管理手段,挖掘后勤人的智能潜力,提高后勤人的知识、业务、技能,重视对后勤人的引进、培养、开发和利用,建立有效的激励机制和科学的绩效考核评价体系,从而提高员工的凝聚力和协作力,调动一切积极因素,确保后勤工作的高速运转,实现后勤工作的目标。

后勤的金融资源管理。主要是指学校或后勤实体对其所拥有的货币资本和现金的管理。后勤金融资源管理通俗意义上是指“管财”。财力同人力和物力一样,是后勤管理的基本内容之一,它是后勤发展的重要资源。

后勤的物质资源管理。主要包括对学校的地产、房产、教学仪器

①王长鹏,季鹏,赵雪. 大数据时代背景下高校固定资产管理研究[J]. 行政事业资产与财务,2020(19):12-13.

设备和设施等固定资产的管理以及对学校的无形资产的管理。高校后勤物质资源管理的目的是为学校的教学、科研和其他各项工作提供物质保证,并同时实现资产的保值和增值。

后勤的信息资源管理。信息是指通过文字、数据或信号等形式来表现的、可以传递和处理的对象。在高校后勤管理活动中,信息资源是一种十分重要的资源,它主要包括市场信息、政策信息、客户信息、同行信息、员工信息等。高校后勤信息资源的管理经历了从无到有,从被忽略到日渐重视的过程,特别是对高校后勤实体而言,信息资源的管理特别重要,它对后勤服务实体适应日益不确定的环境、提高应变能力和发展实力十分关键。

后勤的关系资源管理。在管理学理论上,对关系资源的定义是:指组织与其他各方,如政府、银行、企业、团体、群众等方面的合作及亲善的程度和广度。在高校后勤的管理过程中,学校或后勤管理部门及后勤实体离不开政府、银行、相关企业的支持和合作,学校与公安、消防、工商、税务、物价、环保、卫生、技术监督等政府部门,天天都在发生着关系,这种关系的好坏或亲善程度影响着学校的办学效益和办学形象,对学校或后勤服务实体的发展有着明显的或隐性的制约作用。重视这些关系资源的管理,是学校开门办学、开放办学的需要。

(二)后勤业务活动

后勤业务活动是高校后勤管理的重要内容,是高校后勤管理赖以存在和加强的根本条件,正是由于后勤一系列业务活动服务于学校的教学、科研和师生的生活,后勤管理才得到了学校的重视,所以后勤的业务活动是后勤管理的主要对象。

后勤业务活动内容点多、面广、线长,复杂多样,分类方法也不同。一种分类是根据习惯性的分法,即根据服务的作用将后勤业务分为生活服务和专业服务两大类;另一种分类是根据后勤服务的性质,将其分为服务型、经营服务型和经营型三大类。总之,分类的目的是便于科学管理,但在论及高校后勤管理的对象时,应以后勤服务对教学、科研和师生生活的作用大小来进行分类,即分为主要业务活动和附属业务活动。

1. 主要业务活动

主要业务活动主要包括饮食服务管理、学生宿舍管理、水电热管理和校园管理等。

(1)饮食服务管理

高校的饮食服务管理是对学校的饮食生产、加工、采购、销售、卫生、安全以及经营管理活动各要素与各环节进行组织、指挥、协调和控制等一系列活动。饮食服务保障着广大学生的一日三餐,关乎广大学生的健康,影响着学校甚至社会的稳定。所以,饮食服务管理工作是高校后勤工作的重要组成部分,是高校后勤管理的重要对象。随着高校后勤社会化改革的不断深入,饮食服务管理的重要性日益显现,强化饮食管理,深化饮食改革,不断探索在新形势下饮食管理模式、服务理念、运行机制的变革,已成为高校后勤管理的重要内容和关注点。

(2)学生宿舍管理

高校的学生宿舍管理是指对学生宿舍的生活秩序、卫生安全、设施设备的管理以及对学生的养成教育等一系列活动。学生宿舍是高校学生在学校学习、生活、休息的重要场所,是学生的第二课堂和第二家庭,是学校学风、校风、精神文明建设的重要地方,是后勤服务育人、管理育人的重要阵地,所以高校学生宿舍的管理也是高校后勤管理的重要对象。

(3)水、电、热的管理

水电热的管理也是高校后勤管理的主要业务活动,它是指学校对教学、科研、办公和师生生活所需的水、电、热(生活用热源和取暖等)的供应、维修、节约及设施设备的规划、建设、维护、改造等内容的管理。高校水电热管理的重点是保障安全供应,管理的难点是节约能源。

(4)校园管理

在后勤管理的对象中,校园管理的内容因学校不同而导。但一般都把校园的办公楼、教学楼、科研楼、学生宿舍楼等楼层的管理和校园的卫生保洁、垃圾清运、绿化养护、环境保护、道路维护、公共设施管理、校园经营秩序、校园日常治安等,作为校园管理的主要内容。这些多样具体的管理内容属于大后勤的范畴,不少学校又将其细化归类为不同的管理部门。

2. 附属业务活动

附属业务活动是指除去饮食服务管理、学生宿舍管理、水电热管理和校园管理等与广大师生服务密切、不可缺少的活动外的附属和拓展的项目,如交通运输、商贸管理、印刷服务、幼教服务、宾馆酒店、修缮服务、教材供应等。

三、高校后勤管理的特征

在分析和认识高校后勤管理特征时,我们一定要把握其实质,既不要把高等教育管理的特点简单地等同于高校后勤管理的特点,同样也不可将高校后勤管理的特征等同于一般后勤管理特征。

高等学校后勤管理是高等教育工作与管理工作在后勤领域的结合和运用,其管理特征中既包含有高等教育管理的特性,又包含有后勤管理的特性,但又与二者有所不同。目前,理论界对高校后勤管理特征的描述多种多样,但构成且有别于其他管理活动特点的高校后勤管理特征主要有以下五个方面:教育性、社会性、服务性、周期性和复杂性。

(一)教育性

高校后勤管理的教育性是由高校后勤的教育属性决定的,教育属性是高校后勤的本质属性,其主要内涵是后勤要坚持服务育人、管理育人的宗旨。因此,高校后勤管理的根本目的是服务育人和管理育人,这正是高校后勤这一管理活动与其他管理活动的区别所在。高等学校是以培养人才为主要目标的,学校的教学活动、科研活动、行政管理等各种管理活动始终是服务和服从于这一目标的;离开了这一目标,所有活动将成为一种盲目的无意义的活动。后勤管理活动是学校管理系统中的一项重要组成部分,它通过后勤组织和后勤人员的有效管理,为实现学校的育人目标发挥着支撑和保障作用,其管理的过程始终是围绕着服务育人、管理育人这一目的。在高校后勤管理的过程中,我们不能忽视其教育性,这是高校后勤管理的一个重要特征。

(二)社会性

在高校后勤的社会性里,反映出的是学校、学校后勤管理与社会的各个方面不可分割的关系的总和。首先,我们从高校后勤发展的历史可以看出,由于种种原因,高校的后勤一直在承担着社会责任,校园内的各项服务活动,从吃、喝、拉、撒、睡到生、老、病、死、退,应有尽有,实际上是社会的一个缩影,是社会的一个组成部分。其次,高校后勤属于社会大系统的一个子系统,它必然要与社会上各个方面发生着密切的联系,时时刻刻都与社会进行物质、能量和信息的交换,并与经济、政治、文化、科学技术等部门互相依存,相互促进。高校后勤离不开社会,社会才是高校后勤的总后勤。

正确认识高校后勤管理社会性的这一特点,有利于我们克服自我封闭的高校后勤观念(自我封闭是指把高校后勤视为校内的一个服务部门,缺少与社会的联系和合作),有利于我们科学地利用社会资源为高校后勤服务。特别是在后勤社会化的过程中,高校后勤实体作为改革过程中产生的新生事物,其生存、发展离不开社会各个方面的支持与合作,尤其需要审时度势,扩大与社会进行联系与合作的深度和广度。

(三)服务性

为学校的教学、科研和师生生活提供服务是高校后勤存在的基础,高校后勤离开了服务,就没有存在的可能;服务是高校后勤的全部意义所在。因此,高校后勤管理必须围绕着如何提高服务质量这一目标来进行。在管理过程中,管理是手段,服务是目的,管理是为了更好地为服务对象服务。正确认识高校后勤管理的这一特点,有助于我们处理好管理与服务的关系。

当然,我们在强调高校后勤服务性的时候,不能弱化管理,放弃管理。没有良好的管理,就没有优质的服务,要想提高服务质量,就必须强化管理。

(四)周期性

学校的管理过程相对于其他管理活动的过程来说,具有明显的周期性。高等学校依据国家的教育方针和培养目标,围绕学校的发展规划,以学期为运行单元,以学年为运行周期,并构成一个循环。如此往复,连续不断,有序前进,这就是学校管理的一般规律。作为高校内部管理系统的一个组成部分,后勤管理也必须以教育周期为主线,按照后勤先行的理念,有序分段推进。即在一个学期或一个学年初开始于目标、任务的提出,并于学期或学年末终结于这些任务的完成和目标的实现;而后,再对一个学期或学年的全部工作进行总结和评估,并在此基础上提出新的目标和任务,又以新的周期重新开始。高校后勤只有顺应了这一周期性的规律,管理才会卓有成效。反之,就会导致后勤管理的混乱,影响教育质量和办学效益。

(五)复杂性

高校后勤管理的复杂性是相对于其他管理活动而言的。其复杂性主要表现在管理内容的多样化和管理知识的多科性上。在管理内容上,高校后勤管理的主要表现是多样化:首先表现为任务多样繁重;其次是政策性强;最后,后勤管理知识的多科性也是后勤管理复杂性的一个重要表现。

高校后勤管理是一个系统工程,有关工程学的方法与工具对寻求系统最优的方案和综合效益也具有很强的应用价值。另外,在后勤实际岗位中,专业技术种类繁多,每个人都有一种或几种专业。这就要求后勤管理人员必须在具备广泛的知识和多种专业常识的基础上进行科学管理,使各项工作逐步实现标准化、规范化、制度化,用现代化的管理手段和方法不断提高后勤管理水平。

第二节 精细化管理的特质

后勤管理是高校重要构成部分,也是高校教育教学得以开展的有效保障。长期以来,高校后勤管理存在员工素养低、制度完善度不足等问题,影响着后勤管理工作的有效开展。而将精细化管理模式运用到后勤管理工作中，是对传统后勤管理模式的一种变革，实施后勤精细化管理模式，为高校教育教学有效开展提供支撑，进而促进高校办学质量的提升。因此，研究新时代高校后勤精细化管理十分重要，既是高校后勤管理模式革新的需要，也是高校教育教学有效开展的需要。

一、高校后勤精细化管理及其特性

（一）高校后勤精细化管理概述

精细化管理理念起源于美国，后引入到我国，在我国各行各业中普遍运用。精细化管理是指在常规管理理念、模式的基础上，采用科学化、合理化、规范化的管理方法、管理理念、管理模式，以提升管理效率、节约成本、强化服务为导向的管理方式。将精细化管理模式运用到高校后勤管理部门中，落实后勤部门管理责任制，使后勤管理部门工作模式向明确化、具体化方向发展，构建后勤工作方式科学化、后勤管理制度化、员工专业化的管理模式，以此提升高校后勤管理效率[①]。

（二）高校后勤精细化管理特性

在高校后勤管理过程中，将精细化管理模式运用到其中，彰显一定的管理特性。

第一，后勤管理部门的服务理念彰显主导性。相较于高校传统的后勤管理模式，后勤精细化管理模式以服务理念为主要工作方针，立足于高校教育教学、科研、后勤、学习等工作需要，调整后勤工作模式，将服务于高校作为自身工作核心，以此推进传统后勤管理模式的革新，促进后勤管理质量的提升。

第二，后勤精细化管理模式充满民主性。相较于高校传统的后勤管理模式，后勤精细化管理模式的实施更具民主化，尊重每一名员工的工作诉求，以员工诉求为自身变革的基础，使自己更好地满足工作需要，并且能够在工作过程中参与到管理决策中，以自身智慧、想法增强决策的民主性，进而实现民主化后勤工作模式。

①周广昌，侯雨霏．大数据背景下的高校人事管理工作机制创新[J]．沈阳大学学报（社会科学版），2020，22（05）：596-600.

第三,后勤精细化管理模式重视开放性、公平性。相较于高校传统的后勤管理模式,后勤精细化管理模式更加强调工作的公平性、规范性、开放性。在后勤精细化管理工作中,后勤部门有责任、有义务向教职工、学生等群体提供多元化的信息资源,并且将这些信息资源对高校管理层进行公开,彰显后勤精细化管理的有效性。

二、新时代高校后勤精细化管理问题

(一)员工素养不高

人才是高校后勤管理工作的有力支撑,也是后勤精细化管理工作实施的主体,推进后勤精细化管理模式在高校工作模式中的实施。但从当前高校后勤管理现状来看,缺乏专业化后勤管理人才,员工综合素养参差不齐,影响到高校后勤精细化管理的实施,不利于高校后勤管理工作质量的提升。

首先,部分管理人员学历不高,缺乏专业化后勤管理能力,工作胜任效率不足,影响到新时代后勤精细化管理模式的实施。其次,后勤管理人员缺乏针对性的培训,其外出培训的机会较少,待遇不高,影响到后勤管理人员工作效率的提升,导致后勤精细化管理工作质量不高。

(二)后勤管理规范度不足

在高校后勤管理工作中,需要合理地规范管理人员,促进后勤管理人员工作积极性的提升,使后勤管理人员更好地为后勤工作服务。但从当前高校后勤管理现状来看,谈不上后勤精细化管理模式,管理模式过于松弛,缺乏一定的规范性,使管理人员总体效率偏低。例如:在后勤管理服务过程中,不能够平衡服务实体与经济活动之间的关系,不能够以社会发展为基础开展有效的后勤管理工作,制约了后勤管理模式向精细化管理模式的转型。与此同时,高校后勤管理规范度不足,使后勤管理人员服务效率令人不满意,不能够发挥后勤管理工作在高校教育教学中的根本性价值。

(三)后勤管理制度缺乏科学性

在高校后勤管理工作中,管理工作制度是重要内容。科学化、合理化的管理制度，能够带动管理人员工作效率，使管理人员能够以制度的形式促进工作目标的实现。反之，缺乏科学性的管理制度，使后勤管理人员工作存在懈怠问题，缺乏责任制的约束，影响到高校后勤精细化管理模式的实施。从当前高校后勤管理现状来看，后勤管理制度缺乏科学性，不利于高校后勤工作的有效开展。

三、新时代高校后勤精细化管理的价值

（一）提升后勤管理质量

在高校教育教学工作中，后勤管理工作对其具有支撑作用，不仅能够确保高校教育教学的有效开展，更能够为师生教与学提供良好的教育环境、学习环境，推进高校和谐发展。后勤精细化管理模式是要求后勤在管理工作中每一个环节都需要精、细、化，工作做精，重视工作细节，使工作成效制度化，以此增强高校后勤管理效率。与此同时，高校后勤精细化管理，营造良好的后勤管理工作氛围，发挥管理人员主体工作效率，明确自身工作方向、目标、职责，以身作则，处处为高校教育教学考虑，服务好高校教育教学工作，进而使后勤管理部门更好为高校服务。因此，在高校后勤管理中，将精细化管理模式融入其中，实现后勤精细化管理模式，有助于提升高校后勤部门的管理效率。

（二）促进后勤管理模式的转型

在高校整体教育工作中，后勤管理人员肩负着环境育人、管理育人、服务育人的工作职责，是高校科研教育顺利开展的有力保障，更是推进高校在市场发展中立于不败之地的根本性要求。后勤精细化管理模式，推进高校后勤发展模式的转型，使后勤管理模式向信息化、智能化、规范化、科学化方向发展，增强后勤管理工作的有效性，进而凸显精细化管理在后勤管理工作中的价值。例如，高校后勤精细化管理模式，需要后勤管理与互联网技术、大数据技术相融合，使后勤管理部门重视数据信息的运用，以精准性的信息数据为高校决策提供支撑。将精细化管理模式运用到高校后勤管理工作中，实现后勤精细化管理工作模式，有助于推进后勤管理模式的转型，使后勤管理模式能够站

在高处，根据高校教育教学、科学研究形式进行统筹规划，以精细化管理模式更好地为高校服务，不仅促进自身管理模式的转型，更促进高校教育管理模式的转型，使教育更好地服务于社会发展。

四、新时代高校后勤精细化管理路径

（一）树立精细化后勤管理理念

新时代背景下，高校实施后勤精细化管理模式，需要重视后勤管理工作理念的转变，树立后勤精细化管理理念，以工作理念推进工作行为、工作方式的转变，推进精细化管理模式在后勤管理中的有效运用，提升高校后勤管理工作效率。在精细化管理模式实施工作中，应该将精细化管理模式植入到每一名管理人员思想意识中，转变其对工作传统的认知，践行精细化管理模式，实现后勤精细化管理。

在树立精细化后勤管理理念中，首先，应重视后勤管理工作的开展，了解当前后勤管理模式现状以及工作开展中存在的问题，以此为精细化管理模式融入提供契机。只有深入地了解后勤管理工作现状，才能够根据精细化管理模式的运用效率，找寻两者融合的契合点，才能够推进精细化管理模式在后勤管理工作中的实施。其次，在后勤管理工作中，认识到后勤精细化管理工作的重要性，加大宣传力度，促进后勤精细化管理在工作中的推广，提升高校教职工、学生对后勤精细化管理工作的认知度。最后，加强思想引领，提升后勤部门在高校中的地位，尊重后勤部门工作的开展，以此增强后勤管理工作的有效性，为后勤精细化管理模式的实施提供有力的平台。

（二）完善后勤精细化管理制度

无规矩不成方圆，事实正是如此，在高校后勤管理工作中不能够没有制度的规范，而后勤工作向精细化管理工作转型更需要科学化、合理化的制度保障，以此使高校后勤精细化管理工作的开展更具章程化。高校后勤精细化管理工作重点在于程序化、规范化，身为管理人员应意识到工作模式的转变，工作模式不能够只停留在以往的形式上，应重视后勤精细化管理的实施，以此从行动上促进后勤管理工作模式的转型。

因此，新时代下，在高校后勤管理工作中，应根据精细化管理模式，促进后勤精细化管理制度的完善，增强后勤精细化管理制度的科学性、合理性，使后勤各项管理工作都能够有章可循。例如，在制定采购、招聘等制度中，需要充分的明确每一个岗位的工作情况，以及管理人员工作诉求，整合岗位工作信息，以人性化管理模式为依据，促进相关管理制度的构建，使招聘、采购等制度更加科学化，进而彰显后勤管理工作效率。

与此同时，在后勤精细化管理工作制度的构建中，应将工作流程以及工作标准渗透到其中，严格地管理管理人员，使管理人员在工作中遵从制度行事。

此外，在后勤精细化管理制度构建中，重视激励制度的构建，带动管理人员工作积极性，以良好的激励形式，增强管理人员的积极性。例如：在激励制度中，不仅要重视物质激励，更要重视精神激励，尊重每一名管理人员，增强工作积极性，使管理人员更好地融入后勤管理工作中，进而推进后勤精细化管理工作的开展。

（三）规范后勤精细化管理流程

新时代背景下，高校后勤精细化管理模式的实施，需要重视规范后勤精细化管理流程，以精细化工作流程，推进后勤管理工作的有效实施。工作流程在后勤管理工作中十分重要，是后勤工作开展的前提，也是基础。因此，在高校后勤管理工作中，应以精细化管理模式为导向，重视精细化管理流程的规范性。

第一，后勤工作目标的精细化。在后勤精细化管理工作中，将工作重点立足于工作目标明确上，以工作目标为导向推进后勤精细化管理工作的实施。从后勤管理工作层面来看，后勤精细化管理目标的明确，好比一定的媒介，通过媒介的引领使管理人员向一个目标前进，以此实现后勤管理工作的精细化。因此，在后勤精细化管理目标明确中，应立足于后勤管理模式，在此基础上，明确后勤精细化管理目标，改变以往目标过于空洞的状况。

第二,后勤管理人员总结反馈。在后勤管理工作中,应重视管理人员的工作总结,每完成一个工作任务,都需要重视工作总结,以工作总结为导向,明确工作中存在的问题,并且进一步解决问题,以防止问题的再次发生,长此以往,管理人员自然而然地就达到了精细化管理。

第三,后勤薪资待遇。在高校后勤工作中薪资待遇是一种辅助性工作,其能够增强管理人员的工作积极性,使后勤管理人员更好地对待自身工作,促进后勤管理工作模式的提升。在后勤工资待遇中,应拉近后勤管理人员与教职工薪资距离,立足于社会发展形势,根据社会大众的薪资模式,合理地明确后勤管理人员薪资,使薪资合理,能够满足管理人员生活的物质需要。与此同时,高校应重视后勤管理人员的生活,帮助后勤管理人员解决生活、工作困难,为后勤管理人员解除后顾之忧,增强管理人员高校工作幸福感,以此提升高校后勤管理人员管理工作效率。

(四)建设后勤精细化管理文化

后勤精细化管理模式通俗上理解,是后勤管理人员将每一项工作能够做到位,发挥后勤管理工作根本性效率,促进高校办学效益的提升。从文化层面来看,后勤精细化管理模式是一种文化模式,追求精益求精,这为后勤管理工作模式指明了方向。因此,在高校后勤管理工作中,应以精细化管理模式为导向,促进后勤精细化管理文化的构建,以文化感染、陶冶管理人员,促进管理人员全面发展。通过构建后勤精细化管理文化,重视文化熏陶,促进管理人员全面发展。

(五)培育精细化后勤管理人员

新时代背景下,后勤精细化管理模式,对后勤管理人员提出新的要求。因此,应重视管理人员能力、素养的提升,使管理人员向专业化、职业化方向发展。首先,重视开展后勤精细化管理培训工作,将后勤管理精细化内容渗透到其中,立足于专业发展需要,制定精细化管理工作的培训方案,鼓励管理人员融入其中,以此提升管理人员工作效率。其次,身为后勤管理人员应具有学习意识,通过自我学习,不断地提升自身工作、业务能力,推进后勤精细化管理模式的实施。

综上所述，精细化管理模式由于其自身的优势特点，能够有效地与后勤管理模式相融合，为后勤管理模式革新指明方向。后勤精细化管理模式要求后勤在管理工作中每一个环节都需要精、细、化，工作做精，重视工作细节，使工作成效制度化，以此增强高校后勤管理效度。因此，在高校后勤工作中，应重视精细化管理工作的开展，推进高校后勤精细化管理模式的落实，以此提升高校教育教学水平。

第三节 大数据时代高校后勤管理的目标精细化

高校后勤管理是学校、校内后勤组织（后勤管理部门或后勤服务实体）和人员等为了达成既定的目标而进行的计划、组织、指挥、协调和控制等活动。在这一复杂、系列的管理活动过程中，计划、组织、协调和控制等都是围绕着既定的目标而开展的，而实现既定的目标才是管理的根本。当前，高校后勤管理特别是后勤实体，在管理的过程中目标意识不强，既缺乏长远的战略目标，同时在日常管理过程中对管理目标的制定、实施、控制、考核等又重视不够，执行不力。因此，实施高校后勤精细化管理必须从重视管理目标开始，逐步引进目标管理方法，实现管理目标的清晰、具体、量化、可行。

一、高校后勤管理目标释义

高校后勤的管理目标即高校后勤在实施目标管理时，后勤组织的职工在同一思想和理念的指导下，以共有的价值观念作维系，朝着一致方向协调努力所要获得的最后成就或成果。

后勤管理目标在后勤组织的运行过程中也具有十分重要的作用和功能。其一，它是凝聚员工行动的巨大磁场。它能把所有员工的思想、行动统一到组织的活动中来，在组织内形成一种巨大的力量，使员工为共同目标而不懈奋斗。其二，它能使员工有一个共同的奋斗目标，能激发、协调员工的行动，消除本位主义和个人主义，促成组织内部的团结，避免单位与职工、职工与职工之间的冲突和矛盾。其三，它能使组织内部各部门之间协调一致。目标是管理过程的一条主线，这条主线统领着后勤组织的全部活动，包括经营、服务和管理等，各部门和单位能够在目标的指导下，了解到本单位在全局中的地位和作用，看到彼此之间的关系，并充分了解可能产生的障碍和阻力及薄弱环节，从而达到管理活动的协调一致，形成一种为实现共同目标而团结合作的良好氛围。其四，它是后勤组织绩效评价的重要依据。后勤组织的目标无论是总的目标还是由此分解的各个分目标，它是组织奋斗和追求的最后结果，在实施之前已经设定完毕，实施之后，通过实际执行的结果与目标进行比较，能够更加科学、合理地对各部门进行绩效评价和考核①。

二、高校后勤管理目标的内容构成

根据精细化管理的理念，在确定后勤管理目标的内容时应该建立一个全面、完整、细化、系统的目标体系，只有这样才可能发挥目标及目标管理的作用。目标体系主要有集团（公司）总的目标、集团下设部门（单位）的部门目标和基层职工目标等三部分内容构成。这三部分是按照后勤组织的结构层级有机地结合在一起的，它们息息相关，相互作用。

（一）总目标

后勤管理的总目标，是指学校或后勤组织（后勤管理处、后勤集团）在一定时期内后勤管理和服务工作的发展方向、发展战略、发展规模和要达到的水平，即组织活动最后要达到或获得的成就和成果。

后勤管理的总目标是后勤组织在一定时期内的目标，而非后勤职工个人眼前的活动，职工个人眼前的活动仅是他本人的工作和任务，而后勤组织的目标是后勤组织全体职工所要获得的最后的共同成果和成就；它是职工的共同意识（而不仅仅是个人思想），是职工个人思想经过协调和组织文化熏陶后形成的共同愿景。

①张雪莲，欧阳娟．大智移云视角下高校管理会计教学改革模式［J］．现代企业，2020（10）：148-149.

后勤组织在确定总目标时，应以学校对后勤的发展要求为依据，着眼于后勤组织的长远利益，以提高管理效益为中心，以学校后勤的事实情况为基础，进行科学的预测，充分的论证和审慎的确定。

一般而言，总目标的确定必须满足以下要求：一是总目标的方向必须正确，以保证管理活动沿着正确的方向发展；二是总目标的含义必须明确，防止含义不清，解释歧义；三是总目标要有鼓励性和号召力，能激励职工奋进，以高昂的热情和极大的积极性努力实现目标；四是总目标的表达要简明简短，让人容易记忆，容易贯彻。

（二）部门目标

部门目标是后勤组织（后勤服务实体等）下设单位的工作目标，它相对于总目标而言是二级目标。从内涵上分析，通常以一年为期，为部门设定的在这一时间期限内应取得的成果或成就。

部门目标的设定，应该把期望的绩效、重要成果、完成的时间、监控的措施等作为重点，进行具体化和量化；不仅必须确定“应该做些什么”，而且还必须阐明未来的成果“应如何衡量”。

（三）个人目标

个人目标是指与总目标和部门目标息息相关的员工在规定的时间点内应完成的工作任务。

个人目标制定的重点应该是阐明本岗位或本人为实现集团总目标或部门目标应该完成什么工作、担负什么责任等。在日常的管理实践中，很多单位往往只重视总目标和部门目标的制定，而对个人目标的制定缺乏指导和监督，有的单位仅仅是把岗位职责当成目标，量化和具体化不够。而实际上个人目标是实现部门目标和总目标的基础，是单位对个人进行各项作业追查、控制和考核的依据，是鉴定职工个人工作业绩和发展潜力的平台，它在整个目标体系中不可或缺。

总之，对后勤管理而言，建立目标体系非常有助于将目标进行细化和系统化，非常有利于目标管理的展开和实施。总目标、部门目标和个人目标在目标体系中尽管作用大小不同，但缺一不可。一方面，我们要围绕总目标建立目标体系，为了总目标的实现而重点实施；另一方面,总目标的实现需要部门目标和个人目标的支撑。

三、高校后勤管理目标合理性的评断

在后勤管理的实践中,要实施目标管理,必须制定科学、合理的目标。但一个好的目标的制定受到很多主、客观因素的制约与限制。就当前而言,由于后勤社会化改革进入了一个攻坚完善的阶段,改革步伐放缓,改革难度加大,改革环境复杂,所以无论是对后勤实体还是后勤管理部门而言,长远的战略目标的确定是比较困难的。同时,由于受后勤职工了解目标、实现目标能力的限制,以及后勤服务质量目标、考核目标难以量化等因素的制约,一个好的后勤管理目标的确难以在短期制定。但面对难以制定的管理目标,我们必须明确什么是好的目标,如何判断目标的好与差。一般而言,应从以下方面对管理目标的合理性进行判断。

(一)是否纵横向一致

目标的纵横向一致性是指制定的目标必须与上级的目标一致(纵向一致),必须支持组织的其他部门和单位的目标(横向一致)。就后勤管理目标而言,其纵向一致重点强调的是目标必须与国家后勤改革的方向相一致,必须与学校的发展定位相统一。其横向一致性是指后勤实体的目标必须支持学校管理部门(如后勤管理处)的目标。

后勤管理目标是后勤组织发展的总体方向,是广大后勤职工努力和奋斗的结果,目标具有很强的方向性、鼓舞性和旗帜作用,所以目标必须与国家关于高等学校后勤改革的方向一致。否则,南辕北辙,逆向而行,将会使后勤组织的行为以失败而结束。

同样,后勤管理目标还必须与学校的发展定位相统一。后勤的发展规模、发展速度、服务质量、服务范围要与学校的发展规模、发展速度、需要后勤服务的范围相协调,后勤的保障水平、保证能力要与学校的整体实力、社会形象相一致;也就是说,不同规模、不同层次的高校需要有与其相配套的后勤服务和后勤保障,后勤管理目标的制定必须以此为基本前提。因此,后勤管理的目标只有与上级的政策导向和发展方向一致,才有可能成为一个合理的目标。

(二)是否具有挑战性

目标是行动所要达到的预期效果。因此,适当地设置目标,能够激发职工的动力,调动职工的积极性。目标的难度制定要适当,既要高屋建瓴,又要切实可行。如果目标没有挑战性,指标过低,致使目标缺乏足够的吸引力,职工的积极性、创造性的潜能就得不到发挥,职工在工作中表现出的是一种随意而然和率性而为,那么就会失去制定目标的意义。当然,并非目标越高越好。目标过高,可望而不可即,同样也会使职工和管理者望而生畏,灰心丧气,并产生行为障碍,最终达不到目标。适度的理想的目标是可望又可及,要具有一定的挑战性。一般而言,目标高低度的标准应为比员工的正常能力所能达到的水平略有提高。

(三)是否可以衡量

目标是否可以衡量是指目标的具体化和量化情况。目标的制定切忌笼统抽象,因为表述不清、量化不准的目标,容易使职工对目标的理解产生歧义,使职工无法对目标做出清晰的判断。一个模糊不清的目标,水平再高的射手也无法瞄准,更不可能击中靶心。

目标的具体是指目标必须用这样的一些词句来说明:必须完成什么,必须在何时完成,必须达到什么结果等。同时,在尽可能的范围内,目标一定要能够用定量的数字进行衡量,如校园绿化管理目标,一定要说明新栽树木的成活率、原有树木的成活率等,不能简单地描述为"尽可能保证新栽树木和原有树木的成活"。这样既笼统模糊,又无法衡量考核。

(四)是否细化可行

管理目标是否细化是判断目标好坏的一个重要方面。目标的细化一般是针对目标关键领域的项目重点进行细化。后勤管理目标的重点领域一般包括饮食服务、学生公寓管理服务、水电暖(气)服务与供应、物业管理服务等,重点领域的目标项目主要有服务质量、服务能力、服务的及时性、服务的成本等。在制定目标时,对这些后勤管理的重点领域以及重点领域的关键项目,一定要细化。

（五）是否可接受

从目标的执行者角度来判断目标好与差的一个重要因素，就是执行者对目标的接受和认可程度。一个好的目标应该是目标执行者能够接受、愿意接受、乐意接受。当然目标在制定的过程中，执行者对目标的接受需要经历一个认识的过程。

一般而言，由于目标具有一定的挑战性，目标的执行者对上级下达的目标可能会“讨价还价”，这种“讨价还价”的过程正是目标在制定过程中的一种良好的互动沟通。通过沟通，最后接受目标，认可目标，把目标内化为组织或个人的行为导向。如果从上到下指令性地下达目标，职工对上级下达的目标不愿意接受，或带着情绪和怨言勉强接受，那么这种目标在执行的过程中就会产生障碍，甚至出现上下级之间的不协调，从而影响目标的顺利实现。

（六）是否动态可调

目标具有很强的强制性，一旦确定，执行者必须坚决贯彻实施，不允许有背离目标的行动。但任何组织都是在动态环境中求得生存和发展的。后勤管理也是如此，不断变化着工作环境，特别是在当今后勤社会化改革的历史时期，目标制定的大背景的变数很大。随着目标环境的变化以及目标从一个阶段转入另一个阶段，对目标就有必要予以调整，以适应未来的发展和客观环境的变化。所以目标必须具有一定的弹性，具有一定的灵活性和动态可调性。

（七）是否清晰明确

在制定目标的时候，一开始关注的是目标的类型、目标的项目内容、目标值等重点环节。一旦这些关键点确定之后，就要用一定的形式将目标表现出来，最后形成一个目标任务书。在目标是否清晰明确这一点上，强调的是在表现目标的时候，一定要用明确的措辞和清晰简单的格式。明确的措辞要求目标表达的词义必须是准确的，不能模棱两可，含糊其词。同时，还要采用书面形式，切不可口头说明。只有这样，才有可能使上下级对目标的理解达到一致和统一，才有可能形成合力，才有可能实现目标。

四、目标精细化的误区

管理目标精细化对后勤管理目标的制定、实施、控制、考核具有十分重要的作用。精细化目标的过程可以促使后勤管理标准化和科学化,可以放大后勤管理目标的作用,进一步提升后勤管理的效益和效率。但在后勤管理目标精细化的过程中,我们还要注意避免陷入一些误区。

(一)目标数目过多

精细化管理的理念是追求管理的精、细、准、严和新。我们依据精细化管理的理念对管理目标进行细化和一定的量化是非常必要的,但切不可在制定目标时认为目标制定得越多越好,更不能简单地认为目标多了就是精细化,这是对目标精细化管理的误解。

我们知道,目标是一个组织及其组织成员经过努力所达成的最后的成就或成果,目标具有很强的方向性和导向作用,其对组织和组织成员具有吸引、激励的作用。对一个组织而言,总目标只有一个,在总目标之下可以设立部门目标和个人目标,也可以对总目标进行横向的分解。但无论如何,对一个组织而言,不能设立多个目标,目标多了,就没有了方向。在实施目标的过程中就会出现主次区分不当,顾此失彼或抓芝麻丢西瓜的现象。

一般而言,在总目标之下,应以提高业绩的重要度的顺序为基准设定目标,最好不要超过五项,尤其是相关项目应尽量相互统一。

(二)目标过分具体

对目标过分具体化也是管理目标精细化的一个误区。在制定目标的过程中,我们提倡将无法量化的目标项进行具体化处理。

(三)目标量化过度

管理目标的精细化不是简单地把目标量化。因为精细化管理不等于量化管理,精细化管理以提高企业经营绩效为目的,而量化管理则以衡量部门差异、员工差异、计划与执行差异为目的。所以,我们在制定有关数量的目标时,既要强调以数量表示,但又不能过分强调数量,一切以数量为准。过分强调数量的结果可能会把管理的重点和职工的注意力吸引到只重视数量和数字,而忽略质量,特别是那些暂时还无法用数量衡量的一些项目,如服务质量目标等。

第四节 大数据时代高校后勤管理执行控制精细化

执行,从字面词义理解是指对政策、法律、计划、命令以及规章制度的贯彻实施或实行。但将其引入管理领域作为管理学的概念则是近几年的事情。它来源于美国霍尼韦尔公司国际总裁和首席执行官拉里·博西迪和拉姆·查兰博士合著的《执行》一书。2002年,该书一问世,立即被列入《纽约时报》《华尔街日报》和《商业周刊》的畅销书排行榜,并成为当年亚马逊商业图书销量冠军。自此以后,执行、执行力便成为管理学的一个重要概念,开始在企业界等管理领域广泛运用并产生影响。

高校后勤的特点和管理现实,决定了高校后勤在管理的过程中急需强化执行。本节将重点结合高校后勤管理的实际,论述高校后勤管理中强化执行的意义和作用,分析后勤执行的要素构成和执行控制的关键环节,并提出提升后勤中层管理人员和基层职工执行力的路径和构建后勤执行文化的思路。

一、执行对高校后勤管理的重要性

在日常的管理工作中,相信很多人都会有这样的感受,良好的工作计划和实施结果之间常常存在着较大的差异或遗憾。特别是在高校后勤的管理实践中,每一学年或每一学期都会制订完善的工作计划,当期末或年终总结反思时,发现很多工作并未按计划实施或未达到计划所期望的目标。计划与结果之间之所以产生差异的原因复杂,但一个不容忽视的重要因素是执行方面出现了障碍。

目前,越来越多人已经认识到制定一个战略相对容易,而执行一个战略绝非易事。因为战略可以请咨询公司代劳,而执行战略是任何人不能替代的,它需要组织自身踏实的执行才能实现[①]。

(一)强化执行是高校后勤管理实际的迫切需要

重视执行,强化执行,完善执行流程,构建执行文化,加大执行力度,已经成为当前国内外企业纷纷实施的一项有效的战略管理举措。高校后勤管理近些年通过后勤社会化改革,很多学校已经对后勤实体实施了企业或模拟企业化的管理。尽管改革了人事、分配、劳动等内部运行机制,服务质量、管理水平相对于改革前大有提高,但在执行理念方面相比于现代企业而言还存在很多问题,可梳理归纳为以下几方面。

第一,绝大部分后勤部门特别是后勤实体缺乏执行意识,执行文化的建设还处在一种无意识、无目标的原始状态。日常管理中虽然很多管理者在不停地强调要树立雷厉风行的作风,但工作实际中更多地表现出是一种顽疾习惯。

第二,制度、流程、标准缺乏操作性。后勤管理通过这些年的不断加强,管理制度、工作标准等应该说正在逐步完善,但存在的主要问题是量化、细化不够,标准不严谨,特别是责任不明细,缺乏实施细则和检查细则。

第三,工作中缺乏监督和检查。常常是工作有布置,但监督缺乏或监督不够。要么是无人监督,要么是方法不对,监督无效。

第四,执行反馈不及时,或者不反馈。出现了执行偏差之后,顺其自然,不能够及时纠正。

以上这些问题已严重影响了后勤的管理,而引进执行的管理理念,通过强化执行才有可能解决这些问题。所以高校后勤管理的实际状况催促我们应该尽快地认识到加强执行管理的重要性和迫切性。

(二)执行的好坏影响着后勤管理水平和服务质量

在归纳梳理后勤管理在执行力方面存在的主要问题时,可以发

①崔建芳. 大数据技术驱动高校教育管理现代化——评《基于大数据的高校教育管理研究》[J]. 中国科技论文,2020,15(10):1227.

现,每一个问题都有可能严重影响着后勤的服务质量,影响着后勤的服务形象,同时又制约着后勤管理水平的提高。因为,后勤的主要任务是服务(服务教学、服务科研、服务师生的生活和学习)。在服务的过程中,每一件小事,每一个细节,每一个动作,每一句话,每一个表情,都影响着服务的质量。所以,后勤的广大职工如果在工作中缺乏执行的意识,后勤部门缺乏执行的流程,那么后勤所有的工作标准就无法实现,整个后勤的管理水平就无法真正提高。

(三)重视执行是高校后勤发展壮大的需要

高校后勤的管理以及后勤实体的发展壮大,除了要根据国家、学校关于未来后勤的发展的思路制定,符合自身实际的战略目标外,更重要的是要建立一个有效的执行体系。这个执行体系是由一系列的执行流程、执行组织、执行文化、管理工具等组成。当然,还有一些看不见的要素组成。只有建立了有效的执行体系之后,后勤实体的发展才有可能实现预期设定的目标。

二、高校后勤执行的构成要素

因为执行是一门将战略与实际、人员与流程相结合,以实现预定目标的学问,所以执行不是一种简单的战术,它具有自身系统的构成要素。在谈及高校后勤实体执行的要素时要联系后勤实际,通常认为高校后勤实体执行的要素构成应该有执行主体、执行组织、执行文化、执行队伍等四个核心方面组成。

(一)执行主体

高校后勤的执行主体其实是一个简单明了的问题。可以说在高校后勤岗位上履行职责的所有后勤人员都是执行主体,它包括后勤管理部门(甲方)和后勤实体(乙方)的高层领导者,后勤各科室(中心)、各公司的中层管理者,后勤各个岗位上的工作人员,同时还包括非事业编制的临时工等。

1.高层领导者是执行的根本

在日常的管理工作中,很多企业的领导者都认为,作为企业的最高领导者,不应该屈尊去从事那些具体的工作,在谈论执行的时候,总认为应该是下级组织或人员的事情。其实这种观念和做法是不正确的。

一般而言,一个组织的执行习惯是从领导开始的,一个组织的执行行为是受领导者行为制约的。后勤组织也是如此,后勤管理部门和后勤实体的高层领导者即处长或总经理,是后勤组织中的最强有力的执行者,他们的执行意识、执行习惯、执行方法直接影响着下级组织和人员,后勤的执行离开了后勤的高层领导者,后勤的执行将变成无源之水、无本之木。

所以,我们要正确认识后勤部门的最高领导层对执行的意义和作用,克服执行是下属们的事情的观念,在日常的工作中,从领导开始,学会执行,重视执行,强化执行。只有如此,才有可能使高校后勤管理工作获得事半功倍的效果。

2. 中层管理者是执行的关键

后勤的中层管理者在执行的过程具有关键性的作用,是由中层管理者在后勤组织中的特殊地位所决定的。我们说后勤的中层管理者一般包括后勤管理部门的各科(室)的科长(主任)和后勤实体各公司(中心)的经理(主任)等。

这一群体在后勤部门中的首要任务,是实现后勤高层领导者所拟订的战略目标和工作计划,同时他们又是各自所领导部门的战术决策制定者,并对其所管理的部门和一线人员进行领导、指挥和监督,他们还肩负着上情下达和下情上报的信息传达工作。正是基于这一特殊的地位,使得中层管理人员在执行的过程中显得尤为重要。

他们在执行的过程中如果发挥得好,是高层联系基层的桥梁;如果发挥得不好,将成为横放在高层与基层之间的一堵墙。所以,中层管理人员的执行作用是关键性的,它是关系到后勤管理水平好坏、服务质量高低、后勤生存与发展的关键性问题。

3. 广大职工是执行的基础

从执行链条上观察,后勤的广大职工是执行的末端,但正是这些分散在各个区域、各个行业、各个单位、各个岗位上的每一个职工的勤奋、辛苦的劳动，才实现了后勤对教学、科研和师生生活的服务和保障。

他们是整个执行体系中基础的执行者，离开了他们对后勤服务目标、服务标准的贯彻执行，后勤的一切功能和作用将不复存在。所以，在重视执行的过程中，我们要充分发挥广大职工的作用，既要给他们明确的执行指令，明晰的工作标准、工作要求、操作方法，又要建立相应的激励机制，激发他们执行的积极性，同时还要加强对广大职工的培训，提高他们的执行素养、工作技能等，使执行在基层保持畅通，不打折扣。

（二）执行组织

有什么样的战略，就应该有什么样的组织结构。组织结构对组织的执行具有十分重要的作用，它是一个组织必须重视的要素。

三、高校后勤执行环节及控制

结合高校后勤的管理实际，要提升后勤组织的执行力，除了要关注战略计划、组织设置、人员配置等因素外，更重要的是重视对执行过程的控制，将执行过程精细化。在控制执行过程中，我们要重点把握执行指令、执行跟踪、执行纠偏等三个主要环节。

（一）执行指令控制

执行指令从战略和宏观角度而言，它是指一个组织长远的发展战略、奋斗目标等，从战术和微观角度分析，它主要包括决策、计划、规章制度、岗位职责、工作标准、阶段性任务等。下面我们主要从微观角度对执行指令进行分析。

1.执行指令的类型

在后勤的实际运行过程中，要想真正提升执行力，必须从执行指令的精细可行开始。

在后勤的日常管理过程中，执行指令主要有以下类型组成：①规章制度类。②决策、计划类。③阶段性任务布置。④岗位工作内容。

2. 执行指令的精细化

(1)执行指令应力求细化和量化

执行指令对内容的阐述要清晰明确,对执行任务的质量和数量一定要量化,不能量化的要尽量细化。对完成任务的时限要明确,对执行的重点和难点,容易发生歧义和差错的地方要有提示和强调,不能模糊不清。

(2)执行指令应明确责任主体

在执行指令中,除了内容细化之外,还应落实执行责任单位或个人,有多个部门或多人共同执行时,必须明确谁是唯一的责任人或第一责任人,谁是第二责任人,谁是相关责任人。

(3)执行指令应保持相对的稳定

执行指令保持相对稳定是提高执行力的一个重要方面。一个执行指令一旦下达,进入执行流程,就应该保持相对的稳定,不能朝令夕改。特别是那些工作标准、工作流程、规章制度等,更不能随意调整和变更。因为,这些指令在下达前经过了充分的调研、广泛的征询意见和科学的决策程序,同时也对执行者进行了相应的培训,已经成为每个岗位人员的工作标准或行为准则。

(4)执行指令的下达应讲究方法

执行指令制订完成之后,紧接着的一环就是向执行者下达执行指令。通常,很多部门采取的是以下行文的方法下达。

目前,很多后勤的岗位工作指令是以岗位职责的形式发布的,要么挂在墙上,要么写进相关的规章制度里面。这种方式从精细化管理的角度分析,应该说仍是一种粗放管理的做法。因为,一个岗位或一个部门的职责一般有10条左右的内容组成,它仅仅是描述了岗位的主要工作内容,内容笼统,没有如何操作的定性和定量方面的要求,这样执行起来,就不可避免地产生了很大的弹性空间,执行的结果就可想而知了。

因此,根据当今很多企业的成功做法,后勤组织在给每个岗位的执行者下达指令时,最好取消岗位职责的做法,而是实行岗位工作责任书的做法，即通过岗位手册的方式详细地对岗位的主要职责、工作标准、工作流程进行描述和规定，使岗位执行者不仅仅知道自己该干什么，同时知道怎么干，干的标准是什么。这样就可以减少执行的偏差，提升岗位人员的执行力。

岗位责任书是组织对每一岗位下达执行指令的一种精细化的有效形式，其相对于原来粗放式的岗位责任制的方式是有很大差异的。

（二）执行跟踪控制

执行指令在整个执行链条中属于首端的位置，其对执行的控制属于事前控制。在执行过程中，要想取得期望的执行效果，还必须下大力气做好事中控制，即对整个执行过程进行全程的跟踪控制。在全程跟踪控制的工作中，要注意把握以下几个环节。

1. 思想务虚

思想务虚工作就是在执行的过程中利用有效的宣传和沟通等手段、着力解决执行中执行者的认识问题、观念问题和思想问题。因为认识问题、观念问题和思想问题是决定执行的前提和根本。

用思想务虚工作为务实工作提供强有力的保障和服务，是一个组织提高工作效率和执行力的重要途径。执行中的很多误会、矛盾、冲突大多都源于对规章制度的宣传不够，源于沟通的障碍，源于大家的思想问题、观念问题和认识问题。后勤组织中特别是后勤实体，在高等学校内这一个大环境之下，模拟企业进行改革，需要建立很多适应后勤改革和发展需要、适应新的管理体制和运行机制的规章制度。

2. 教育培训

教育培训是保障执行质量，提升执行力的重要手段，更是执行跟踪的重要一步。教育培训对执行的促进具有重要的作用，它能够增强执行者对执行指令的理解认同，增强纪律和服从的观念与意识，增强责任感，强化执行的意识；能够培养执行者的敬业精神和工作热忱，激发执行者的工作意愿；能够增强执行者的学习意识，使他们掌握有效的工作方法、技巧，提升其综合素质和工作技能。

加强对后勤职工的培训是后勤工作在执行过程中必须重视的一

环。目前,后勤职工从用工性质上分两大类,即“老人”和“新人”。“老人”一般是指具有事业编制的正式职工,“新人”一般多指引进的合同用工或者临时聘用的"临时工"。由于历史的因素,后勤职工队伍中一部分"老人"的素质相对不高,同时由于后勤工作性质和待遇不好等因素,后勤聘用的大部分临时用工的素质也与后勤工作的发展需要严重不适应。因此,提升执行力,加大执行跟进的力度,就需高度重视对员工的促进式培训,特别是要重视对饮食服务、公寓服务、保洁服务、动力服务等行业岗位上员工的培训。这些员工全天候地在一线岗位上保障着师生的生活和学习。可以说,执行的好坏,服务质量的高低,师生是否满意等,与他们对岗位标准的把握、工作流程的熟知情况密切相关,与他们的综合素质、工作技能与技巧、服务观念和态度密不可分。如果我们在工作中只使用员工,不培训员工,那是对企业执行力的破坏。

后勤实体要建立系统科学的培训体系,要对职工进行全员化的培训。既要对新员工进行岗前培训,又要对老职工进行促进式培训。

3.指导示范

指导与示范也是做好执行跟踪和提高执行效果的一种方式。指导示范是指职工之间有经验、有能力、有技术的人员对他人在工作上一对一的传帮带和示范作用。指导能经常性地巩固和强化执行者的工作意愿,在技术上、心理上引导执行者以积极的心态,克服困难,解决问题。

高校后勤实体在强化执行的过程中要注意使用这一有效的方法,在技术岗位上如饮食服务岗位中的厨师、服务员,水电服务中的电工、水工、锅炉工等建立一种指导示范的制度,以发挥大家的积极性,从而形成执行压力正常传递、执行困难共同克服的良好氛围。日本邮政大臣从洗厕起步的故事或可引起我们的思考。

4.适度激励

激励是人人都需要的。对于管理者而言,如果使用得当,它将产生巨大的能量,它能最大限度地激发职工工作的主动性和创造性,从而在执行的过程中保证执行指令的贯彻执行。

在后勤管理的实践中要注意使用有效的激励方法。一般常用的激励方法有:①工资激励法。②奖金激励法。③竞争激励法。④荣誉激励法。⑤行为激励法。

5.检查评比

检查督促是执行跟进环节的一项重要工作。在执行跟踪环节,思想务虚工作是为了解决大家的思想、观念和认识问题;教育培训、指导示范是为了提升素质和提高技能水平;适度激励更多的是从心理和动机等方面调动执行者的积极性,但仅有这些还远远做不好执行的跟进。一个执行指令下达之后,如不对执行的情况进行及时的检查,那么这项工作的效果将等于零。检查评比是掌握执行动态的最有效手段,是发现执行问题、克服执行困难的重要方法。这一方法虽然经常使用,但有时候效果不好,其原因不在于这一方法本身的问题,而是检查不细致,检查走形式,检查的结果没有与奖惩挂钩。

(三)执行纠偏控制

执行纠偏是执行控制过程中的最后一个环节,属于事后控制。在一个完整的执行系统中,无论执行指令多么完美,执行跟进多么有效,但都不可避免或多或少地会产生执行偏差的现象或问题。这种偏差现象如不及时进行纠正和处理,就会影响甚而严重破坏执行的效果。因而,重视并加强对执行纠偏环节的控制也是执行过程中的重要一环。如何做好执行纠偏工作呢?应该重点关注以下两个方面的因素。

1.建立纠偏机制

既然在执行过程中出现执行偏差的现象是不可避免的,那么在执行控制中就应该事先建立一种纠偏机制,做到防控结合,使发现问题与解决问题同步进行。纠偏机制的内容很多,针对后勤工作的实际情况,要重点完善问责制度和应急预案制。

在后勤管理的实践中,很多工作在执行的过程中出现了问题后,没有得到及时的纠正,主要原因是没有进行严格的责任追究。在后勤队伍中,大部分人员是学校的家属,人员之间的朋友关系、裙带关系、战友情谊等构成了主要的关系结构；同时，很多后勤人可能终其一生都不可能跳出学校这个工作环境，彼此之间，同住一个院，同干一样活，抬头不见低头见。如此等因素的组合，难免形成管理者对责任人难以问责，不便处罚的习惯。事实也正是如此，一件事情产生问题之后，问谁的责很难，谁来问责更难。因此，我们强化执行，加强对纠偏环节的控制，就必须打破这种问责难执行的现状。要事先建立一种可行的问责制度，执行前将责任落实到岗位，落实到人；执行中发生偏差，就要追究责任人。

建立应急预案制度是后勤执行纠偏的一个重要内容。后勤工作在运行的过程中由于受设施、设备等客观条件的限制，随时可能出现突发事件。面对这些突发的事件，正确的做法是结合工作实际建立应急预案制度。

2.适时调整执行指令

执行偏差产生的原因是多样的，有执行者的因素，但有时候也与执行指令有关。任何一个执行指令，特别是战略目标、长期的工作计划、一项重要的决策等指令，其是否科学、可行，必须通过执行实践进行检验。如果在实践的过程中，确属执行指令存在问题，那么就应该及时地修改指令。成功者的秘诀是随时检验执行指令，合理地调整指令，放弃无为的固执，最后走向成功。

第五节 大数据时代高校后勤管理考核的精细化

一、绩效考核指标的概念、分类及要求

（一）绩效考核指标的描述

绩效考核指标是指在绩效考核过程中能反映被考核对象工作状态和工作成果的因素或项目。绩效考核指标是对被考核对象绩效的表现形式，只有设定了考核指标，绩效考核工作才具有可操作性。绩

效考核指标一般包括四个构成要素:指标名称、指标定义、标志、标度。

(二)绩效考核指标的分类

绩效考核指标的类型因考核内容、绩效的特性等不同,可以有不同的类别划分。习惯上从三个方面进行划分,即从指标量化的程度上可分为:软指标和硬指标。所谓软指标指的是需要通过人的主观判断而得出的考核结果的考核指标,硬指标是指能以数量表示考核结果的考核指标。从考核内容上可分为:工作业绩指标、工作能力指标和工作态度指标。从指标的模块构建上可分为:特质、行为和结果指标。这里,结合高校后勤工作实际,着重从考核内容和模块构建上进行分析①。

1.业绩、能力和工作态度指标

(1)工作业绩指标

该指标是指工作行为所产生的结果,主要表现为某职位的关键工作职责或一个阶段性的项目,也可以是年度的综合业绩。具体指标表现形式通常有数量指标、质量指标、工作效率指标以及成本费用指标等。在日常工作中,无论是对组织的考核还是对个人考核,业绩指标是最重要的考核指标之一,它在考核体系中所占的权重比例较大,是考核的重点项目。

(2)工作能力指标

该种指标也是绩效考核的一项必不可少的内容。在实际工作中,由于受社会环境、工作环境、人际环境的影响以及工作性质的不同,加上工作业绩本身具有多因性、滞后性和难以测量性等特性,要真实地反映一个人对组织的贡献,还必须对其工作能力进行相应的考核。

当然,对工作能力考核的重点主要是被考核职位对任职者所必须具备的能力,一般包括学识、智能、体能和技能等项内容。学识包括文化水平、专业知识水平、工作经验等内容;智能包括记忆、分析、综合、判断、创新等能力,即认识客观事物获得知识并运用知识解决问题的能力;体能是一个人的身体状况的表现;技能包括操作、表达组织等

①曹琳. 基于大数据环境下高校档案数据化管理方法研究[J]. 黑龙江档案,2020(05):12-14.

能力。

(3)工作态度指标

工作态度决定着工作成效,对后勤职工更是如此。后勤服务的大部分工作岗位属于体力劳动性质,只要身体健康,有什么样的工作态度就会有什么样的工作效果。因此,在考核中一定要把工作态度纳入考核指标。

2.特质、行为、结果指标

(1)特质指标

特质是指一个人所具有的神经特性,用特质可以对一个人进行描绘,如友好的、谨慎的、爽快的、争强好胜的、慷慨大方的、吝啬的等。对特质指标进行考核,可以看出一个人在外向性、和悦性、公正性、情绪性和创造性等方面所具有的特点。对特质指标进行考核,主要适应于对一个人未来工作潜力做出预测,适合于对职务晋升等方面的运用。但在考核特质指标时,由于观测点不在工作绩效,因而容易使职工产生不公正感,预测效度也不高。

(2)行为指标

人的行为是一个多学科研究的课题。管理心理学认为行为是指人们有目的的由简单动作构成的活动;生理学家认为行为是人体器官对外界刺激所产生的反应;现代心理学家一般认为行为是有机体的外显活动;哲学家认为行为就是人们日常生活中所表现的一切活动。实际上在绩效考核的过程,对行为指标的考核主要关注的是一个人在日常生活和工作中表现出的各种活动。这种考核适用于可以通过单一的方法或程序化的方式实现绩效标准或绩效目标的职位,对含有人际联系的工作岗位来说特别重要。行为指标不太适合那些采用多种不同的行为都能得到的有效绩效的工作。

(3)结果指标

结果指标关注的是完成了什么或生产了什么,而不是怎样完成或怎样生产的,重在结果,而不是行为过程。这种考核具有较强的操作性,是一种以结果为导向的考核,特别适合于具体生产和操作等方面的员工。但容易使考核对象为了达到一定的结果而不择手段,使组织在获得短期效益的同时丧失长期利益。

(三)绩效考核指标的基本要求

为了保证绩效考核过程的可操作性及考核结果的公正,在制定绩效考核指标时一定要遵循指标制定的原则和方法。具体如下:①明确性。②可操作性。③可比性。④细分化。⑤少而精。⑥稳定性。⑦可量化。此外,考核指标还应该具有现实性、针对性、可控性等其他原则。

(四)绩效考核指标的权重与赋值

因为每一个考核指标在整个考核体系中的作用程度和重要程度不一样,所以绩效指标确定之后,还要将每一项指标纳入整个指标体系进行权重和赋值的确定。

1.考核指标的权重

权重是绩效考核指标在整个考评体系中的相对重要程度和对整个绩效的相对贡献大小的体现。考核指标权重的确定应遵循的原则:①以战略目标和工作重点为导向。②各指标或目标权重的比例应该呈现出差异,避免平均主义。③评估者的主观意图和客观事实相结合。

2.考核指标的赋值

赋值就是按照一定的标准,根据指标之间的差异程度,给每个指标赋予一定的分数。

赋值的方法有多种,但常用的方法有标准赋值、等级赋值和常规赋值等。标准赋值是首先设定一个标准,然后按照达到标准的程度给每项指标赋值,可以是递减赋值,也可以是加减赋值;等级赋值是按照达到指标的程度分若干等级,并按照每个等级打分的方法;常规赋值是按照事先的规定给每个评估指标赋值的方法。

二、高校后勤实体绩效考核指标体系的构建

绩效考核指标体系就是一组既独立又相互关联并能完整的表达

绩效考核目的和被考核对象评价要求的考核指标,考核指标体系可以使比较零散、孤立的各个指标构成一个有机的系统。要实施绩效考评,就要首先设计建立绩效考核指标体系,它是绩效考核的一个中心环节,具有十分重要的作用。

(一)绩效考核指标体系的构成

1.考核指标

指标体系是由一个个独立而又相互关联的考核指标联结组合而成的。在考核过程中,要实现对绩效状况的度量和反映就必须依靠对每一个指标的评价。所以,考核指标是构成指标体系的基本要素,考核指标选取的正确与否,会直接影响到真实的绩效状况是否可以反映出来,直接影响到职工是否会按照组织的要求来实施自己的行为;它是绩效考核工作最基础和最重要的一部分。

2.指标权重

指标权重反映的是考核指标在整个考评体系中的相对重要程度。考核指标体系是由一个个指标构成的,尽管各种指标对指标体系的构成都是不可缺少的,但不同的指标在整个指标体系中的重要程度是不同的。所以,需要对每一个指标进行分析比较,看其在指标体系中的作用,然后以权重或赋值的方式给以体现。比如,后勤实体中,同样的指标如服务质量指标,在考核服务型单位和经营型单位时其权重是不同的。服务质量指标在服务型单位的考核中所占的权重最大,而在经营型单位的考核中,它的权重应次于经济目标的权重。

3.考核标准

确定了考核指标,明确了指标的权重,是否就可以进行考核了。其实,仅有了这些还不能对员工进行精细、准确地评价。因为,指标本身只是考核的一方面内容,若不进行好与差的标准制定,仍无法进行结果比较。考核标准实际上就是人们事先对同一考核项目确定的“参照系”。

(二)绩效考核指标体系设计的原则

1.明确性原则

明确性原则是考核指标体系规范化和标准化的基本要求,它要求每一个考核要素指标都要有明确的内容、定义或解释说明。描述指标要素的文字应精练、准确，必要时还要列出计算公式，使考核要素指标的内涵明确，外延清晰。

2.整体性原则

零散的、孤立的指标一旦按照一定的逻辑和考核目的的要求有机地整合在一起构成一个体系时，那么这个体系就必须强调整体性。所谓整体性是指指标体系必须是完整的，能够覆盖所有大局的重要因素，不能遗漏关键的绩效因素。如果遗漏了指标，那么按照这个体系考核的结果将会有失全面和公正。

3.平衡性原则

平衡性原则是整体性原则的延伸，是指指标体系的设计必须反映组织各部门和各层次间的相互关联，在指标范围和口径上没有交叉和重复，不同部门和不同人员的绩效指标要保持平衡。如后勤实体在对其部门、中层管理人员和职工的考核体系中，对中层管理人员的考核要素常常与部门的业绩、与职工的管理相关，这是工作性质、工作职责所决定的。但在制定考评体系的时候，一定要使交叉的内容保持权重和分值的平衡，不能顾此失彼。

4.精细化原则

考核指标体系的结构要精而少，这样的指标体系可以缩短信息处理的过程，提高考核的效率。在高校后勤的考核中要学会抓住关键指标以体现精，否则抓不住关键指标，就有可能破坏指标体系的整体性。

(三)后勤实体绩效考核指标体系的构建

高校后勤实体绩效考核的主要内容有三部分组成，即对实体下属各单位的考核、对实体中层管理人员的考核和对基层职工的考核。

三、高校后勤绩效考核流程描述

影响绩效考核结果的因素很多，但有一个精细的考核流程对整个绩效考核而言，至关重要。要实施精细化的绩效考核，就必须重视并设计完善的可操作的考核流程，使考核工作一开始就进入一种规范的考核流程。考核的基本流程有确定考核对象、设定绩效考核目标、确定绩效考核的指标体系、选择合理的绩效考核方法、实施考核、考核结果的反馈、考核结果的运用等环节。

(一)确定考核对象

考核对象是考核活动的客体,在绩效考核的过程中,确定考核对象是第一个环节,只有明确了考核对象,才能依据考核对象的特征,确定考评活动的组织、建立考核指标体系、选择考核的方法等。

通常情况下,在一个组织中确定考核对象相对容易,无非是组织或各级各类人员。但在诸多考核对象中,考核重点的确定需要根据考核的目的不同而有所不同。高校后勤实体的主要考核对象是后勤实体下属的二级组织、后勤的中层管理者和基层职工。在这三种考核对象中,对中层管理者的考核应该是后勤绩效考核的重点。

(二)设定绩效考核目标

绩效考核目标是绩效考核的主体与考核的对象之间通过沟通交流建立的一种绩效合约,即后勤的考核者与被考核者之间对一定条件下、一定时间范围内所达到的结果的一种共同认可。

绩效目标的表现形式是多种多样的,可以按时间持续的长短分为短期目标和长期目标;按不同的岗位责任要求分为创新目标和组织目标等。经常使用的绩效目标主要是业绩目标和发展目标。业绩目标是反映岗位职责最重要的部分或公司(部门)目标最关键、最具影响力的工作目标;发展目标是帮助员工实现绩效目标,并满足其个人发展需求的目标,包括需要发展的核心胜任能力、技术胜任能力等。

(三)确定绩效考核的指标体系

绩效考核指标体系就是一组既独立又相互关联并能完整地表达绩效考核目的和被考核对象评价要求的考核指标。绩效考核指标体系是对绩效目标的分解和影响绩效的关键因素的具体化。要实施绩效考核,就要首先设计建立绩效考核指标体系,它是绩效考核的一个中心环节,不可缺少。高校后勤的绩效考核指标体系已经在前面进行了专门的讨论。

(四)选择合理的考核方法

绩效考核的方法直接影响着考核标准的成效和考核结果的公正,因此要根据考核的内容、考核的对象、考核的目的选择不同的考核方法。

(五)实施考核

在实施正式考核之前,通常需要选择一些具有代表性的单位或人员进行小范围的试验性考核,并将试考核中暴露出的问题进行分析,并及时修正指标体系,调整考核方法。经过试验性考核之后,就可以在全部考核对象中进行正式考核。

通常,正式实施阶段要注意以下几个方面:①落实考核责任。②通过检查、观察等手段收集考核信息。③做好评分和得分的控制和评定。

(六)考核结果的反馈

向被考核者反馈考核结果是绩效考核不容忽视的一个重要环节。绩效考核的结果不是拿来存档的,考核的目的是将考核结果合理使用。没有结果的反馈,考核就失去了其根本的意义。所以,绩效考核结果产生后,应尽快地以书面或面谈的形式反馈给被考核者,并给被考核者以解释和申诉的机会。绩效反馈应遵循如下原则。

1.把握反馈时机

在日常管理实践中,我们经常会看到有两种现象普遍存在。一种是只重视考核,而忽视考核结果的反馈,虎头蛇尾,前紧后松。另一种是反馈周期太长,通常是一个考核周期才进行一次。这两种现象都不是积极有效的反馈,正确的做法应该是把握反馈时机,经常性地进行反馈。因为在考核的过程中,考核者一旦发现被考核者在工作中存在着一定的缺陷,就应该有责任立即去纠正它,如果推迟纠正,那将会使损失不断扩大。另外,绩效反馈的最好结果是员工对于考核结果已经有所预料。因此,要经常性地对员工进行绩效反馈,使他们在考核结束之前就几乎能够预料到自己的考核结果。

2. 讲究反馈方法

反馈工作既是一种务实的将考核结果告知被考核者的工作,同时也是一种务虚的思想工作。在反馈的过程中一定要注重工作方法,讲究工作技巧,因为不同的方法具有不同的效果。首先是要强调具体行为,即反馈时要明确说明“错”和“好”的行为,而不能模棱两可地进行过多模糊的夸张或形容。其次是只对针对工作本身而不针对个人,在反馈的过程中,应该反馈和“表扬”(或“指责”)的是工作行为,而不是人。

3. 注重反馈效果

进行考核结果的反馈是让被考核者认识自己在工作业绩和综合素质上存在的问题,以便及时改进和提高,所以反馈应该以能让被考核者改进为目的,应该注重反馈的效果,无效的反馈要慎用。

(七)考核结果的应用

只有绩效考核的结果得到应用之后,绩效考核的激励、控制和导向作用才能得到发挥。很多绩效考核失败的案例都证明,没有处理好绩效考核结果的应用是绩效考核不成功的主要障碍之一。从理论上讲,绩效考核结果主要有两方面:其一是考核结果对人力资源的管理和决策具有支持的作用;其二是对员工个人的发展计划具有支持的作用。联系后勤的实际,绩效考核主要运用的范围有;职工绩效工资和奖金的分配、职工岗位调整和职位的变动、职工的培训、单位的绩效反馈等。

在绩效考核结果的应用过程中,要力戒两种倾向:其一是不按原来设计的制度范围使用,随意扩大或缩小使用范围;其二是将考核结果的使用当作形式。

第六节 大数据时代高校后勤管理成本控制精细化

一、高校后勤成本控制的原则

成本控制是高校后勤管理者的一项重要的成本管理工作。在日常的成本管理过程中，为了有效地进行成本控制，发挥成本控制的作用，实现成本控制的目标，就必须遵循成本控制的一些原则。成本控制的原则主要有经济效益原则、全面控制原则、责权利相结合原则、例外管理原则和目标管理原则。

（一）经济效益原则

成本控制的目的就是以较少的投入获得最大的产出，实现经济效益的最大化。因而，经济效益原则是成本控制的最基本的原则。经济效益原则主要有两层含义，即我们常说的开源和节流。开源就是广开财源，利用学校和后勤的有形和无形资产，以服务学校和学生为本，积极找寻经济增长点，从而提高后勤的经济收入，壮大后勤的经济实力和服务保障能力。节流就是厉行节约。高校后勤的节约潜力巨大，日常管理中水、电、气等浪费现象严重。所以，节约就是降低成本，节约就是减少支出。节约对当前高校后勤而言，是最重要和有效的成本控制措施[①]。

（二）全面控制原则

全面控制原则强调的是成本控制的过程、范围、主体等方面因素的系统协调性和全面性。它主要包括以下三个方面。

1.全员控制

后勤成本的控制不是后勤内部一个部门或一个人的事，而是后勤组织中各级管理人员和全体职工的共同责任和义务。在平常的管理过程中，不少基层的管理者和职工常常认为，成本控制是后勤高层领导和财务部门的事情，似乎与自己无关，即使实施了一些成本控制的措施，也是被动的和非情愿的。这种成本控制非全员现象就背离了全员控制的原则。因此，高校后勤组织特别是后勤实体，要建立相应的机制，完善一些制度，强化相关责任，广泛调动每一个部门和职工对成本控制的积极性和主动性，提高他们对成本控制意义和作用的认识，把后勤的成本控制化作自己的行为习惯。

①刘勉．大数据时代下的高校教育管理[J]．佳木斯职业学院学报，2020，36(10)：64-66.

2. 全过程控制

成本控制重在过程,一旦支出形成,再进行节约或控制将无济于事。在全过程控制的过程中,既要注意后勤组织整体业务的事前、事中和事后的控制,更要关注各个专项业务实施的过程控制,还要把握每一个工作环节。过程控制的结果是公正的、合理的和经济的。后勤组织要加强成本管理,就必须从重视过程开始。

3. 全方位控制

全方位控制成本是指在成本控制的过程中,不仅要对各项费用发生的数额进行控制,而且还要对费用发生的时间和用途加以控制,讲究成本开支的经济性、合理性和合法性。后勤部门在全方位控制的时候,一定要注意控制经费的科学性,不能顾此失彼,不能为了控制经费而牺牲服务质量和服务对象的利益,不能为了局部或某个服务项目的经济利益而牺牲整体的利益。

(三)责权利相结合的原则

责权利相结合的原则是指,企业或组织要求内部各部门和单位在履行成本控制职责的同时,必须赋予其在规定的范围内有决定某项费用是否能开支的权力。如果只有责任要求,没有相应的权力协同,成本控制可能落空或收效甚微。有些领导通常只重视责任的落实,而忽略配套权力的支持,害怕放权之后,自己失去控制;害怕权力分散之后,自己手中的权力被弱化。其实这种担心恰恰反映了这些领导在日常管理中存在的问题和漏洞,说明缺乏对权力的监督机制,缺乏应有的工作标准和办事程序。领导者在处理和遵循责权利相结合的原则时,还要健全相应的激励机制,将完成成本控制的目标与分配和晋级等挂钩,奖优罚劣,奖罚分明,这样才有利于调动各层次人员的积极性。

(四)例外管理的原则

例外管理是企业管理者常用的一种管理方法,是指领导者将已经规范化、流程化的工作授权给组织中的各级人员,自己只保留对非规范的例外事务(重要事项)处理权。例如管理可使领导者从大量的例行事务中解脱出来,使其具有更多的时间与精力专注于例外事件的处理。同时,还能给下属提供更多的信任、更多的机会和施展才能的空间。

高校后勤成本控制过程中"例外"的判断主要有以下几方面:①重要性,即根据成本费用差异金额的大小来确定。②可控性,即发生的成本差异如果在管理人员控制范围之内,即使数额较大也不可视为"例外"。③一贯性,有些差异虽未达到重要性标准,但该项费用持续时间较长,则应给以充分的重视。

(五)目标管理原则

目标管理原则是管理者以既定的目标作为标准进行的成本控制办法。成本控制是目标管理的一项重要内容,管理者事先制定成本控制的目标,并约束和指导各部门和人员按照目标进行相应的生产、经营和服务活动。目标管理原则是一种事先控制的重要手段,目标在制定的过程中,经过上下讨论和沟通,从而形成了上下认可的控制标准,各目标单位和与目标相关联的人员,围绕目标的实现,积极主动采取各种控制成本的措施,进而达到成本控制的目的,获取最大的利益。

二、高校后勤成本控制的措施

成本控制的种类和方法多种多样,有按照费用事项发生的过程而进行的过程控制方法,有按照控制的手段不同而进行的绝对和相对控制方法,还有按照控制的范围不同而进行的广义和狭义控制办法等。结合高校后勤的性质,下面重点介绍过程控制的方法。

所谓过程控制的方法主要是指按照费用事项发生的时间顺序而实施的事前、事中和事后控制。

(一)事前控制

事前控制是指费用项目在未实施之前而进行的一种成本控制。重点有两个环节必须抓实抓细。

1.确定一个切实可行的成本费用支出预算

支出预算是事前控制的重要内容,是做好事前控制不可缺少的一个基础性的控制标准。有了成本费用支出预算,就具有控制的依据和标准,就可以进行具体有效的操控,就可以将整个成本费用支出纳入预算体系。成本费用支出预算应遵循“上下结合,分级编制,逐级汇总”的程序。也就是说,支出预算的编制首先要由后勤的各部门提出,如提出年度或项目的成本费用预算建议并提交后勤的财务部(科、中心),财务部门依照相关的规定和要求以及往年的支出情况进行初步的审核和汇总,并提交后勤领导班子进行评议,然后将评议意见反馈到各部门进行再修正,最终经后勤领导班子讨论审定和下达。

2. 明确成本支出预算的责任主体和责任界限

成本支出预算的制定只表明明确了支出的目标和费用标准,但要真正的执行预算还必须有相应的执行保障措施。明确责任主体,划清责任界限正是一种执行预算的需要。后勤的各公司(中心)成本控制的第一责任人就是该部门的第一负责人。当然,后勤的管理和监督部门在执行预算时也负有相应的配合和支持的职责。

(二)事中控制

事中控制也叫日常控制,是指在成本形成过程中,根据事前确定的成本目标和控制标准,对日常发生的各项费用进行严格的计量、监督、指导和调节,从而将费用控制在预定的标准范围内。事中控制是费用控制过程中非常重要的一个环节,事前控制确定了控制的标准,事中控制是对控制标准的具体执行。如果此环节控制不严,事前确定的控制目标将会落空,整个成本费用将会发生较大的差异。

高校后勤在日常的成本控制过程中,主要有人员成本、采购成本、能源成本、日常运行成本费用(办公费、交通费、通讯费、一般维修费、物业管理费、公寓管理费等)等。

(三)事后控制

事后控制是指成本发生后,及时计算出实际成本与目标成本之间的差异、分析差异原因、查明责任归属、评定和考核成本业绩,以便采取措施消除差异(必要时修正成本标准)的一种控制办法。事后成本的分析和控制在高校后勤成本的管理中是一个相对薄弱的环节,很多高校的后勤领导者对事前控制和事中控制的关注度要远远大于事后分析。

当然,加强事前特别是事中控制的力度是必要的,但不能忽视事后控制这一环节。因为事后分析是为了以后更精确地控制成本,事后控制要重点注意以下两个细节:①重视成本费用支出分析。成本费用支出发生完成后,要组织相关人员结合事先确定的成本费用目标和标准,对实际结果进行分析,分析的重点是要关注那些规模大的差异、反复发生的差异、可控的差异等。②实施成本费用支出考评。事后分析的目的是对实际运行的成本费用结果进行考核和评价,评价实际结果与标准的差异情况,考核执行标准的好坏情况,并对责任单位和责任人进行奖励或处罚。

第七章 大数据时代的高校安全管理模式的改革与发展——平安校园

第一节 平安校园对高校管理发展的现实意义

一、"平安校园"建设的现实意义

高校建设"平安校园"具有非常深远的现实意义,它主要体现在以下几个方面。第一,平安校园是加快现代大学制度建设、推进依法治校的重要举措。将平安校园建设纳入依法治校轨道,融入教学科研管理等各项工作中,以平安校园建设为抓手进一步完善学校治理体系,提升治理能力,提高校园管理科学化水平。通过组织学校师生学习法律法规、弘扬法治精神、树立规则意识,用法治促进公平公正,用法治维护师生权益,用法治促进校园和谐,用法治守护校园平安。

第二,建设平安校园是人才培养的第一需要。平安校园是维护学校政治安全与稳定的基础,是学校贯彻党的教育方针、坚持立德树人的根本任务,是为培养全面发展的社会主义建设者和接班人提供有力政治保证,是学校教职员工教书育人义不容辞的责任。

第三,建设平安校园是师生核心利益的集中体现。安全需求是每个师生员工的基本需求,是教师安心乐教、学生专心向学的共同愿望,是师生的根本利益。平安校园是建设民生工程的首要任务,解决了师生最关心、最直接、最现实的切身利益问题。

第四,建设平安校园是深化改革、建设高水平大学的内生需求。平安校园建设是深化教育体制机制改革的重要组成部分,是实现一流管理、营造一流环境、凝聚一流人才、建设国际知名有特色高水平大学的重要保证①。

二、高校“平安校园”建设方向

当前,高校创建平安校园工作取得了初步成效,为今后一个时期的工作积累了宝贵经验,奠定了坚实基础。同时,当前工作中还存在一些尚未落实或落实不好的问题需要进一步总结和整改。

(一)坚持创建工作的有效经验

高校经过平安校园创建工作,校园安全稳定工作体制机制不断成熟,管理运行有效,责任清晰,落实到位,专兼职队伍配齐配强,无缝衔接网格化管理模式更趋完善,学校安全稳定的领导和综合能力进一步提升。

总结起来,主要有以下三点:①立足全局、着眼长远,以“人安全”理念统领安全稳定工作。②坚守阵地意识,坚决抵御境外敌对势力渗透。③依科技创平安,不断推进科技创安工作。

(二)“平安校园”建设方向

高校应全面审视创建工作取得的一些切实的成效,精心组织实施重点工作,强化整改薄弱环节,提升整体能力。当前,高校在深化平安校园建设工作中还存在一些不够完善的地方和薄弱的环节,例如一些干部认识需要提高、有些制度执行不到位、社会稳定风险评估机制尚未建立等等,对于存在的问题,学校应在未来的工作中不断发现、不断整改。

第一,不断完善“大安全”机制,全面发挥全局性和协调性好的优势。从理论上讲,“大安全”制度设计更具有全局性和协调性,上下畅通、左右协调,牵一发而动全身,高校安全工作如一盘棋,但毕竟“大安全”制度体系刚开始实施,学校在下一步工作中重点要做好两方面:一是继续完善相关配套制度;二是总结归纳实践中的问题,认真改进不足之处。学校应进一步扎实推进“大安全”制度体系,将制度设计优势

①刘琬.大数据背景下高校学生管理工作创新分析[J].创新创业理论研究与实践,2020,3(19):184-185+188.

落实到安全稳定的工作实践中去。

第二,不断增强科技防控能力,建立现代化硬件环境。高校应继续坚持“依科技创平安”的工作理念,在今后进一步加强平安校园硬件环境建设:一是抓好科技防控。切实做好消防、技防基础建设工程,深化平安校园信息管理服务平台功能扩展。二是抓好信息化建设。融合互联网、物联网、自动控制、传感技术,打造适应现代化、高水平大学要求的智慧校园、平安校园。

第三,不断加强制度建设、队伍建设,强化教育、督导、问责。进一步完善平安校园制度和队伍建设是提升校园管理水平,深入推进依法治校的重要组成部分。高校继续坚持问题导向,重点针对今后工作中出现的新问题和新变化,围绕解决问题深入推进建章立制工作,将实践成果及时转化为制度成果,构建工作长效机制。进一步加强师生安全教育、反邪教警示教育、非政府组织渗透预防及领导干部安全稳定工作专题培训和一线工作队伍专业技能培训,进一步提高领导干部和一线工作队伍处理突发事件的能力。通过强化监督检查,严格实施问责,为深化平安校园各项措施提供坚强保证。

三、高校“平安校园”建设的重要举措

(一)建立了高效运行的领导体系

1.改进了领导和工作体系

“平安校园”建设作为一项长期的系统工程,通过建立高效运行的领导体系,全面统筹高校安全工作,全面负责重大事项的决策、协调和指挥,高校党委成立了安全工作委员会,委员会下设两类机构:一是若干工作组,将安全保卫、维稳、应急、综合治理、信访、消防以及意识形态、反邪教、思想引领等现有相关职能机构整合纳入形成工作组,成为委员会下设工作和执行机构;二是设办公室,作为信息枢纽和一般性事务的协调机构。安全工作委员会可以从机制上解决平安校园建设头绪多、结构复杂、多部门间协调困难、信息不全、效率不高等问题。高校安全工作委员会与高校内部各二级单位安全稳定工作小组构建出新的两级管理体系,形成了机构健全、机制完善、人员齐备、责任落

实到位、管理有效、保障有力的平安校园工作组织体系，提升了高校对安全稳定工作的整体领导力。

2. 加强了专兼职结合的平安校园队伍建设

高校“平安校园”建设需全员广泛参与，需建立一支人员配置结构合理、专兼结合、作风务实、素质过硬的“平安校园”建设队伍。

第一，专职队伍齐整。高校保卫处（部）作为承担安全管理、安全服务、安全教育工作的主要职能部门，应配齐配强专职保卫干部，达到上级主管部门关于保卫干部的配备标准，忠于党的事业、忠于师生员工的安全利益，具有政治责任感敏锐感。同时应加强业务学习，紧密贴合上级关于高校安全稳定工作的具体要求，提升业务能力和服务水平。

第二，兼职队伍素质高。高校应具备三支兼职队伍：第一支是学校学生工作队伍，具备很强的政治素质、思政工作能力，能够把握学生思想动态，做好学生思想引领工作；第二支是高校党委宣传部、信息化管理处（网络管理中心）联合组成政治和技术素质过硬的网络管理队伍，加强舆论引导；第三支是后勤管理队伍，实行一把手安全负责制，安全责任到人，确保后勤保障有力，无重大安全责任事故。

第三，志愿者队伍训练有素。广泛发动师生积极参与“平安校园”建设工作，组成“平安校园”志愿者队伍，充分发挥学生自治和群防群治工作优势，使学校的安全管理真正实现全覆盖。

3. 健全了平安校园责任体系

高校认真制定每年度安全稳定工作任务和工作目标，形成《高校安全稳定责任书》和《高校安全稳定工作任务分解表》，将具体工作任务和责任分工落实到分管领导、二级单位，具体到个人，形成“学校—二级单位—个人”的三层防控体系，层层签订安全稳定责任书，确保每项工作有人落实、有人监督、有人考核、有人负责，形成横向到边、纵向到底的安全稳定工作责任体系。

（二）健全完善了稳定的工作体系

1. 建立了有效的信息搜集研判机制

高校依托校内各级党团组织建立起渠道畅通、反应灵敏的校园安全稳定信息搜集网络，定期召开各学院分党委书记通气会，及时传达上级安全稳定工作的最新部署，通报学校安全稳定事件的处理情况和师生思想动态，对安全稳定工作形势进行分析，部署阶段性工作安排，明确工作责任。在重要节点和敏感时期及时召开安全稳定工作会议，对相关信息进行分析研判，及时发现有倾向性、苗头性的问题，并针对特定时期的工作特点和要求制定具体的安全稳定的工作方案。

2. 加强了思想引导

高校充分发挥思想政治课主渠道作用，深化思政课程体系改革，注重运用案例教学、实践教学，侧重思想引导的针对性、感召力、实效性，让学生在接触社会、了解国情的过程中更加客观、理性地理解重大理论和实际问题，树立正确的世界观、人生观、价值观。加强形势政策教育与宣传引导，在重大事件及敏感期，响应组织专家学者为学生做专题报告，分析国际国内形势，开阔学生视野，引导学生理性表达爱国热情。加强师德教育，把师德纳入教师考核体系，强化职业道德和职业精神宣传教育，充分发挥师德典型的榜样引领作用。将青年教师思想政治工作渗透到业务工作各个环节之中，引导广大青年教师把个人成才成功融入学校事业发展和教学科研教书育人的过程中。

3. 在意识形态领域主阵地常抓不懈

习近平同志指出，办好中国特色社会主义大学，要坚持立德树人，把培育和践行社会主义核心价值观融入教书育人的全过程；强化思想引领，牢牢把握高校意识形态工作领导权；坚持和完善党委领导下的校长负责制，不断改革和完善高校体制机制；全面推进党的建设各项工作，有效发挥基层党组织战斗堡垒作用和共产党员先锋模范作用。

高校意识形态工作至关重要，要狠抓高校党委意识形态工作责任制的落实，推动高校各级党组织进一步增强政治意识、大局意识、核心意识和看齐意识。要切实提高预警和应对处置能力，加强分析研判和统筹协调，形成工作合力，推进工作创新，提高高校意识形态工作的前瞻性和针对性。高校党委要把握意识形态主导权，定期召开专题会议对意识形态领域管理提出明确要求和工作责任，旗帜鲜明地提出“学术无禁区,课堂有纪律”,建立党委书记、校长、校领导进课堂听课、学院领导督学检查、专职教学督导员定期检查等三级督导督学机制,确保课堂讲授内容健康、导向鲜明、方向正确。

4.有效防范了各类渗透活动

随着我国高校国际化办学水平逐步提高,外籍教师、留学生、少数民族学生增多,抵御渗透工作压力加大。高校根据上级文件要求,结合本学校实际情况,科学制定外籍教师管理办法、港澳台工作管理办法、外国专家在华工作突发事件应急预案、出国人员预防性领事保护和安全教育制度,加强对涉外合作办学的审批和管控,加强马克思主义宗教观教育,开设民族、宗教类公共选修课程,加强教育教学管理、思想文化阵地管理,不断提高广大师生自觉抵御各类渗透活动的意识和政治鉴别能力。

5.建立了平战结合的维护稳定工作机制

高校始终坚持常态维稳与敏感期维稳相结合的维护稳定工作机制,健全和完善各项工作制度和机制,制定相应的维稳工作方案,坚持网格化管理和等级防控,形成平战有机结合的安全稳定工作机制。

(三)建立了矛盾纠纷排化体系

1.建立了风险评估机制,加强了矛盾源头预防

高校坚持以从源头上预防和减少各类风险和矛盾纠纷为目的,研究制定《重大事项决策听证实施办法》《校内重要信息通报制度》等,健全和完善“三重一大”集体决策制度,按照“谁决策、谁评估、谁负责”的原则,把稳定风险评估纳入学校重大决策程序,充分运用论证、听证、公示等公众参与的方式,对专业性、技术性较强的重要事项由专家论证和技术咨询,对与师生员工利益密切相关的事项实行公示、听证等制度,对涉及人多面广、容易引发校园安全稳定的重大决策事项须会前完成重大决策社会稳定风险评估,提前化解矛盾纠纷、控制风险。制定《劳动人事争议调解工作暂行办法》《学生听证与申诉管理规定》,对教职工合理诉求由职能部门予以解决,并将解决结果反馈给教职工;设立学生申诉与听证委员会,听取学生对奖惩意见的申诉,公正地

解决学生的合理申诉。

2. 主动化解了矛盾纠纷,完善了排查化解机制

高校重视师生对利益诉求和反映问题的渠道的建设,通过党代会、教代会提案制度及校领导接待日制度等信息沟通渠道,搭建书记在线、校长信箱等多种形式的沟通平台,通过教代会、工会等团体组织进行走访调查、专题座谈沟通形式广泛听取师生员工的意见和建议,提前化解和控制风险。坚持定期开展矛盾纠纷排查工作,并建立矛盾纠纷工作台账。实行领导包案负责制,限期解决,确保矛盾不升级、不转移、不演变。进一步加强信访工作,不断规范信访件的办理程序,努力提高信访件的查办水平。

(四)强化了校园综合防控体系

1. 注重技防、消防方面的建设,创建了智慧校园

高校进一步加强科技创安工作,加大投入力度,切实做好技防、消防基础工程建设,注重以物联网为基础的智慧校园建设工作,将学校工作、学习和生活作为一体化环境,以各种应用服务系统为载体,为广大师生提供一个全面的智能感知环境和综合信息服务平台,提供基于角色的个性化定制服务;将基于计算机网络的信息服务应用融入高校管理中的各个领域,实现互联和协作;通过智能感知环境和综合信息服务平台,为学校与外部世界提供一个相互交流和相互感知的接口,将高校的教学、科研、管理、生活功能进行充分融合。

2. 构建网格管理,实现了分级防控

高校结合自身实际,以二级单位下属的三级机构(学系、教研室、科室等)为单元划定网格,建立领导包片的最小管理体系,构建领导包片、二级单位一把手负总责、最小网格责任人、个人四层网格化责任体系,逐层签订安全稳定责任书,充分调动专兼职安全员的力量,做到"重点人员有人管、重点部位有人守、网格区域有人巡、重要信息有人报、突出事件有人管",实现校园防控"全面覆盖、无缝衔接"。根据不同时期工作需要,校园综合防控启动三个等级,平日三级常规防控、二级加强防控和一级超常防控根据上级单位要求启动。

3.实现了“六位一体”,建设管理服务中心

高校结合自身安全稳定工作的实际情况,采用“顶层设计”的系统论理论从“平安校园”整体规划建设的角度对高校校园安全建设加以全面思考和严谨分析。根据校园安全工作性质和内容,通过引入科技手段逐步增强综合安全管理能力,建设平安校园信息管理服务平台,集GIS系统、接处警管理、应急处置、事后评估、值班管理、通讯录管理、应急管理、视频监控管理、部件管理、预警管理、与外部系统对接、呼叫中心等功能模块于一体,提升维护校园安全稳定工作的水平,打造“六位一体,平战结合”的工作服务模式,打造“平安校园”的目标,为全校师生营造一个安全和谐有序的校园环境。

(五)健全了安全教育管理服务体系

学校以常态化安全教育为依托、将育人为本的宗旨贯穿整个校园安全工作,抓好重点领域、重点部位和关键环节的安全教育、管理和服务。

1.深入开展了法制教育和安全教育

高校紧紧围绕普法规划确定的目标和任务,扎实开展普法教育工作,坚持法制教育与法治实践相结合,坚持法制教育与道德教育相结合,抓基础、抓重点、抓落实,促进法制宣传教育工作的制度化和规范化,不断加强制度建设,强化组织领导,广泛开展各种形式的普法教育活动。

高校积极利用各类信息载体,切实推进安全教育信息覆盖范围。把安全教育列入本科生和研究生培养计划,分别在本科生、研究生入学期间,开展包括消防、治安、交通、国家安全和保密等有关知识在内的安全教育。

随着国家对校园反恐防暴工作的重视,高校将校园反恐防暴教育纳入到校园安全教育内容中。通过各种形式开展安全教育,如发放安全知识教材,综合利用专题讲座、广播、校园网等媒体对在校学生进行安全教育,利用微信平台等新媒体传播工具开展日常安全教育等。同时,将安全教育融入大学生日常思想政治工作之中,坚持实战演练的

制度化，通过每年定期组织两次全校性师生员工高层建筑消防逃生实战演习，提倡体验式安全教育，检验设施性能和值班人员实操能力，增强师生消防安全防范意识和逃生自救能力。除针对师生群体，应面向全校后勤临时工等群体定期开展相关内容的专题培训，将安全教育做到全方位、多角度。

2. 加强了校园综合治理，全力维护校园良好秩序

学校坚持有效开展安全防范工作，加强校园综合治理。把整治工作与教育活动、日常整治和集中整治结合起来，主动向外联动，积极与属地机关部门进行沟通，采取联合行动，保证校园周边的良好秩序。

3. 认真做好网络与信息安全工作，弘扬了健康向上的网络文化

在网络技术层面，建立由网络防火墙、入侵检测系统、网络防病毒系统等硬件设备组成的安全防护体系；在网络管理层面，学校采用实名制上网。坚持清理有害信息和正面引导并举，加强网站监管，严格实行校园网站登记备案制度和审批制度，加强论坛管理，定期清查网上信息，发挥学生网络"红客"的作用，形成维护校园网络空间思想稳定的主要力量，引导校园网民理性思考、文明发言、有序参与，营造健康网络舆论环境。

4. 建立困难学生帮扶机制，切实解决了学生的实际困难

针对重点人群采取分类指导与管理的办法，加强安全教育和管理。组建学业指导中心，帮助学业困难学生进行课后辅导；对于违规违纪等后进生采取辅导员个别谈话与辅导、"一帮一"等办法开展教育；对于心理障碍的学生，通过深度辅导或沟通协助预约心理健康专业教师进行心理疏导。把学生资助工作和思想政治教育工作有机结合，努力帮助其克服经济困难、解决思想负担，顺利完成学业；在就业推荐环节向就业困难群体倾斜，发掘其优势，向适合的用人单位及校友单位重点推荐。

5. 将保密制度规范化，坚决杜绝了涉密信息泄露

高校加强保密工作体制机制建设，设立保密工作委员会，各二级单位需明确一名领导和一名兼职保密员负责保密工作。进一步建立

健全保密规章制度。加强保密工作设施建设，完成机要室保密硬件设施的安全和改造。强化保密宣传教育，通过专题讲座、专题培训等方式在相关工作人员中宣传普及保密法律法规和保密知识技能，增强保密意识。特别是积极组织工作人员参加市机要局的培训，提升工作能力。切实加强试卷保密、文件保密、网络保密等重要领域、重点部位、关键环节的保密措施。

（六）注重演练，提升了应急处置能力

1. 健全完善应急处置体系，提升了应急处置能力

高校积极探索建立校园安全稳定预警机制，建立和完善了动态预警体系，根据上级文件的要求，定期修订安全预案，为加强高校安全稳定工作奠定坚实的制度基础，不断提高应对处置突发事件的能力。各二级单位应根据自身工作特点，制定相应的应急预案，切实做好重要时期和大型活动期间的安全工作方案和应急处置措施的制定工作。

高校加强值班和信息报送工作，平时实行保卫处、后勤管理处、舆情监控部门、保安员24小时值班制度；加强对校园各部位综合防控及校园网络信息监控工作，严防信息迟报、漏报、瞒报事件发生。重大节假日、敏感日采取校领导24小时带班和信息“零报告”制度、各部门人员值班制度，确保信息上传下达、通畅无误。

2. 积极排查了安全隐患，坚决预防和妥善处置突发事件

高校高度重视对群体性事件的防控，通过安全稳定工作会议和分党委书记通气会、信访接待机制等长效机制以及每学期、每季度集中组织的矛盾纠纷排查化解工作，集中梳理、分析可能引发群体性事件特别是大规模群体性事件的苗头隐患和不安定因素，多部门联合，重大问题分管校领导牵头负责，及时化解不安定事端，按照抓早、抓小、抓苗头的原则，努力把隐患问题化解、消除在萌芽状态。

高校是人才培养和知识创新的主要基地，是弘扬社会主义核心价值观的重要阵地，高校的安全稳定是高校各项事业发展的根基，是建成国际知名特色一流大学战略目标的安全保障。构建“平安校园”，营

造安全、稳定、和谐、有序的校园文化氛围，共同提升校园建设发展的硬实力与软实力，是师生全面发展的重要前提，是创办“双一流”大学建设的重要基础。马斯洛认为，整个有机体是一个追求安全的机制，人的感受器官、效应器官、智能和其他能量主要是寻求安全的工具，甚至可以把科学和人生观都看成是满足安全需要的一部分。同样，高校承担着培养高素质人才、发展高水平学科建设、提供高质量社会服务三大重要职能，这三大项职能从根本上讲是统一的，它们共同构成了一个有机整体。

高等教育是国民教育体系的关键环节，“平安校园”建设是高校践行社会主义核心价值观、坚持以人为本的重要措施，也是对高校发展、开拓创新、立德树人的保障建设，关系到学生思想道德素质发展。因此，“平安校园”建设必须将践行社会主义核心价值观贯穿其中，必须坚持“育人为本，安全先行”的原则。只有用主流核心价值观武装头脑，切实做好高校的安全保障，才能坚守意识形态导向鲜明的阵地堡垒，才能牢牢把握社会主义办学发展，才能充分彰显中国特色社会主义高校的鲜明特色，才能以高校作为先进思想文化引领，影响、示范、带动全社会。

第二节 高校平安校园建设的现状

近年来，高校安全事故频发，违纪事件、治安和刑事犯罪案件时有发生，大学校园安全不容乐观，高校校园安全问题已成为社会关注的热点和焦点之一。要“加强校园安全管理，为青少年健康成长创造良好的社会环境”问题也迫在眉睫。因此，积极推动高校“平安校园”建设，着力实现高校运行的稳定化、秩序化、理性化和和谐化，有效保障师生生命、财产安全和教学工作的有序进行，是当前高校教育和管理所面临的课题。

一、高校“平安校园”建设的现实意义

(一)构建社会主义和谐社会的客观要求

所谓和谐社会,是指整个社会处于顺和、协调、稳定的状态,是民主法制、公平正义、诚信友爱、充满活力、安定有序、人与自然和谐相处的社会。高校作为社会的有机组成部分,其和谐与稳定,直接关系到全面建设小康社会的进程和实现社会和谐的程度。而随着社会改革的深入推进,社会矛盾日益凸显,一些不和谐的社会因素必然会波及到校园。同时,作为青年聚集的高校,人员构成复杂、思想观念各异,在学习、生活和就业等多重压力下,也会出现种种不和谐的现象,从而危及师生的生命和财产安全,不利于高校的稳定和和谐社会的构建。因此,积极建设平安校园,促进高校和谐与稳定,是构建社会主义和谐社会的客观要求[①]。

(二)推进高校自身建设与发展的内在需要

高校担负着培养中国特色社会主义事业合格建设者和可靠接班人的历史重任,办好让人民满意、让党和国家放心的高等教育,努力提高人才培养的质量和水平,是高校办学的出发点与落脚点。为此,高校必须根据社会要求和时代发展的需要,加强自身建设,不断提高办学水平。而高校的和谐稳定,是高校自身建设与发展的基础和保障。要强化自身建设,高校必须高度重视校园安全问题,把安全工作作为学校管理的重点工作来抓。一旦校园安全事故频发,师生员工的生命财产安全就得不到有效保障,人际关系紧张,心理安全感低,不仅会对教学、科研和师生的生活产生负面影响,而且会加大高校管理的难度和成本,不利于高校的自身建设和长远发展。因此,加强高校“平安校园”建设,“努力提高学校师生的安全防范意识,有效遏制各类重大事故的发生,不断改善高校教书育人环境,确保高校的改革和教学、科研、后勤、生活等各项工作的顺利进行”,是推进高校自身建设与发展的内在需要。

①李傲.刍议大数据时代高校国有资产管理改革策略[J].中外企业文化,2020(10):27-28.

(三)促进大学生健康成长成才的必然选择

大学生是国家的栋梁,是社会主义事业的建设者和接班人,肩负着建设社会主义和实现民族振兴的历史使命。大学生能否健康成长成才事关国家的未来和民族的希望。高校作为培养大学生的摇篮和高地,和谐稳定的校园环境、积极向上的育人风气、良好的思想道德素质,是大学生健康成长成才所必不可少的条件。

当前,日益频发的校园安全问题,不仅对当事大学生的生命和财产安全产生了极其严重的影响,也从侧面反映了大学生在成长成才过程中所面临的严峻挑战。因此,进一步加强校园安全管理,推进"平安校园"建设,有效净化校园周边环境、维护学生的合法权益和身心健康,是大学生健康成长成才的必然选择。

二、当前高校"平安校园"建设面临的挑战

(一)政治形势严峻复杂

改革开放四十多年来,我国各项事业取得了显著成效,国力日益强盛。但与此同时,国内外敌对势力一直存在瓦解社会主义制度、仇视中国的心理和行为。西方国家的"西化""分化"政策从来没有停止过。随着东西方文化交流机会的增多,一些人打着"民主""自由""人权"的旗号,利用青年大学生求新、求变的心态和对社会的种种不满心理,通过文化活动和学术交流,采取介绍反动网站、举办讲座、举行PARTY、英语辅导、提供奖学金、组织旅游、游行、参加英语角等形式不断对大学生进行拉拢、渗透,宣扬所谓的"民主""自由"思想,妄图动摇大学生走中国特色社会主义道路的坚定信念。政治上的严峻形势严重影响着校园的安全稳定,是当前高校"平安校园"建设面临的一大挑战。

(二)学生安全和法律意识淡薄

当前高校安全事故的频发,从侧面反映了学生安全和法律意识的淡薄。一方面,学生缺乏必要的安全防范意识,如对自身财物的保管不力、对周边人缺乏戒备心理、消防知识薄弱等,都容易引发校园安全

问题或者增大安全事故的隐患。另一方面，由于学生法律意识比较淡薄，容易实施不法侵害行为。比如，有的大学生还认为在取款机上偷窃银行卡算不上违法行为；有的学生自我中心意识较强，一旦口角不和就会动手打人，引起打架斗殴，往往会给他人造成伤害，严重的会因触犯了刑法而受到法律的制裁。

（三）校园周边治安问题突出

高校周边往往成为商业聚集的地方，但是低档娱乐场所多、无证摊点多、出租房多、无经营执照的拉客“黑车”多，饮食卫生安全隐患、交通安全隐患、消防安全隐患大量存在。再加上一些高校的新校区往往建设在城乡结合部，地处偏僻，周边环境较为复杂，附近的社会闲杂人员和不法分子经常涌入，刑事案件时有发生，治安问题严重。这对大学校园的安全稳定造成了很大的威胁。

三、应对高校“平安校园”建设挑战的对策思考

（一）着力构建高校“平安校园”建设的长效机制

建设高校“平安校园”是一个长期且持续不断的过程，要有效确保高校长期的和谐与稳定，防止出现“忽冷忽热”“春夏秋冬”的现象，必须要有可持续的机制保障。为此，一是要建立“平安校园”建设的投入机制。要加强包括监控系统在内的硬件设施建设，做好重点区域、重点路段的监控工作。要加强保卫队伍建设，组建一支素质高、责任心强的校园保安队伍。二是要建立工作责任制，落实学生层面和各二级学院、各部门的领导责任，层层签订安全责任书，明晰工作职责，形成齐抓共管、纵向到底的工作格局。三是建立校园突发事件的预测预警机制，制定安全教育措施、安全检查措施、突发事件处置办法等，强化安全演练，随时关注大学生思想动态，掌握舆情信息，牢牢把握安全工作的主动权。

（二）努力加强大学生思想道德教育

面对我国当前严峻的政治形势和大学生薄弱的法律意识，高校要有效确保自身稳定，必须进一步加强包括理想信念教育、品德教育、公

共道德教育和法纪教育在内的大学生思想道德教育，从更高的层面让大学生树立崇高的道德理想，自觉抵制外部不良信息和思想的侵蚀，自觉约束自身的不良言行，做一名合格的社会主义事业的建设者和可靠的接班人。为此，要高度重视思想政治理论课在大学生思想道德教育中的主渠道作用，发挥教师的专业优势和课堂优势，开展思想道德教育，引导学生崇尚健康高雅的精神文化生活，树立高尚的理想和信念，自觉抵制低俗淫秽和腐朽文化的侵蚀；增强学生明礼诚信、团结友爱、和谐包容、勤俭自律的信念，自觉遵守道德规范，养成良好的道德品质，与他人和社会融洽和谐相处；增强学生的生命责任意识、集体主义意识、诚信意识等，引导其关爱生命，爱护、保护集体的财产，维护和珍惜安定和谐的良好局面。

(三)不断强化大学生的安全教育

目前，大多数高校的安全教育模式仍是以“照本宣科”式的“讲座式教学”或“逐层传递式”的传达式教育为主的方式进行。数百人甚至上千人聚集一堂的“讲座式教学”，无法保证教学质量与效果。“逐层传递式”的教育即辅导员老师只针对班团干部进行教育，再由班团干部向普通同学传达讲解。在此过程中，由于班团干部知识水平、威信度有限等因素，难免“走样”或“偷工减料”，使教学效果大打折扣，在现实中也起不了什么作用。

由此可见，要强化大学生的安全教育，必须着力改变教育方式。为此，一是要将安全教育纳入大学生必修课程，规范安全教育课程内容，合理确定课程学时，将课堂讲授、多媒体教学和实时情境模拟结合起来，使课堂生动活泼，学生乐于学习、乐于接受。二是要将安全教育与第二课堂活动和社会实践相结合，邀请校内外专家举办讲座，开展安全知识竞赛、消防演练、急救演练等，不断增强学生的安全意识，提高防范技能。三是要高度重视大学生的心理安全教育。大学生心理问题很容易影响校园的安全稳定，如自杀事件。要从根本上消除大学生心理问题给校园安全稳定带来的威胁，需要高校长期重视心理健康教育工作，形成良好的工作机制和工作态势，给予学生人文关怀，普及心理健康知识,注重对心理问题学生的疏导和援助。

(四)积极开展校园安全文化建设

所谓“近朱者赤,近墨者黑”,安全文化环境直接或间接地影响大学生的思想和行为。因此,加强校园安全文化建设,有利于牢固树立师生员工的安全意识,从根本上促进“平安校园”建设。一是要高度重视校内安全文化环境建设。要加强物质的校园安全文化建设,完善教学区、生活区、实验室以及用于文化体育活动等方面的物质条件和安全设施设备,如消防设施、安全疏散通道、卫生防疫设备、安全标志等。同时,要加强校园安全文化建设,利用校园橱窗、黑板报、校园网、LED视屏、校园广播等平台大力宣传安全的重要性及相关安全知识,结合学生第二课堂活动引导学生具备基本的安全知识。二是要配合有关部门有效净化校园周边环境,增强文化育人氛围。要按“依法加强对学校周边的文化、娱乐、商业经营活动的管理,坚决取缔干扰学校正常教学、生活秩序的经营性娱乐活动场所,严厉打击各种刑事犯罪活动,及时处理侵害学生合法权益、身心健康的事件和影响学校、社会稳定的事端”,创造学校周边地区良好治安秩序和文明的育人环境。

第三节 大数据与平安校园建设

在信息技术高速发展的今天,大数据时代特征逐渐显现出来,并被广泛地应用到各个领域,在一定程度上改变了社会生活和工作的状态。平安校园一直是学校建设和管理过程中重点强调的工作事项,为了保证平安校园管理体系更加健全,学校应合理将大数据与平安校园相结合,实现多功能安全管理体系的有效构建。

一、高校大数据组成与价值分析

大数据具有的技术和功能特征十分显著,信息容量丰富、种类多样、传输速度快,是大数据的主要特征。随着大数据时代的高速发展,并在学校教育领域的广泛应用，学校的教育和管理工作，已经在大数据平台的支撑下，获得了一定程度的改良和创新。而平安校园是学校管理工作的重要理念，学校利用大数据平台，对校内的教学、行政、管理等各个方面进行综合性、信息化管理，从而保证校园环境更加和谐、稳定，促进各项办学、教学活动的顺利进行。因此，学校应重视大数据在平安校园管理中的有效应用。

二、大数据在“平安校园”建设中的应用分析

（一）学生标签画像

在信息化教育环境下，学校应做好学生群体个人信息管理。合理利用大数据平台，完善学生个人信息，并进行信息标签化、智能化管理，从而为学校的学生管理工作，提供便利条件。学校需要利用智能技术，对学生进行人像扫描，从而掌握学生个人基本特征，包括相貌、年龄和性别等。之后，利用信息技术，对学生个人信息进行综合性处理，并做好信息标签以及权重信息的有效明确。根据学生基础信息、爱好信息以及行为信息，对学生进行的标签画像，从而全面掌握学生个人信息，方便学校高校开展学生管理工作①。

（二）学生行为轨迹查询

为保证学生在校安全，学校必须重视学生行为轨迹查询与管理。为此，不妨以大数据为载体，构建行为轨迹查询体系，利用各类智能管理系统和软件，对学生行为信息进行跟踪、管理。比如说，目前在校园环境中，学校设置了校园卡、图书馆信息登记卡等，以便能够利用各类智能卡，了解学生在校园内的动向，比如说学生去图书馆，通过刷图书馆信息登记卡，那么在图书馆管理系统中，便会有学生的图书馆入馆、出馆记录。通过行为轨迹查询与分析，学校能够对学生具体情况加以掌握，从而保证学生在校期间的人身安全，全面实现平安校园环境的有效建设。

①李青．大数据时代下高校教育管理信息化发展创新研究——评《高校教学管理机制研究》[J]．林产工业，2020，57（10）：121．

(三)学生分类管理

分类管理,也是学校学生管理工作中的重点管理要务,做好学生分类管理,能够保证学校的管理和教育工作更具有针对性。因此,学校不妨利用学生的标签画像信息,对学生进行分类。根据学生标签特征,按照兴趣、特点、擅长领域以及存在问题进行分类,从而为教师有针对性的开展教育和管理工作,提供重要的信息依据。

(四)异常情况预警

学校在进行管理时,应对异常情况以及潜藏的安全风险进行判断和分析,并做好相应的预防工作,从而保证平安校园建设效果更加显著。首先,学校需要针对学生的信息标签、行为轨迹等信息进行综合性、系统性分析,判断学生存在哪些异常情况,并进行实际调查,在确定判断结果准确性之后,根据异常情况,制定相应的预防和解决措施。学校可以学生体育、运动以及医疗等方面的行为轨迹查询,掌握学生现在健康状况,并派遣教师给予及时的关心和照顾。同时,学校也可以利用食堂饭卡信息跟踪,掌握学生经济情况,并为贫困生判定提供重要依据。最重要的是,学校在进行预警分析时,要进行模块分类,从学生学习、生活、健康以及安全等不同层面进行分析,从而保证预警分析工作更加高效,预防措施也更具有针对性。

(五)巡检力量优化

巡检是安保部门的重要工作要务,通过日常巡检,保证校园环境安全、稳定,从而维护校园内部全体师生的人身安全。为了保证巡检工作更加全面、高效,学校不妨利用大数据平台,构建信息化、智能化校园巡检与监控体系。利用信息技术对校园环境进行全方位监控,不给犯罪人员可乘之机,维护校园环境安定、和谐。同时,学校应针对以往发生过的犯罪事件、地点以及详情进行记录和分析,并重点加强犯罪区域的巡检和监控力度,有效杜绝校园危险事故发生,为学生提供良好的校园环境,促使其健康、快乐地学习和成长。

(六)安全教育

安全教育,一直是学校关注的教学重点,目前学生所接触的信息比较繁杂，因为在信息甄别能力方面比较薄弱，所以很容易上当受骗。为此，学校必须专门组织安全教育。通过组织安全讲座，向学生渗透当前社会环境下比较典型的诈骗案例，让学生提高警觉，避免深陷诈骗环境。同时，学校需要根据日常灾害，组织逃生演习，比如地震逃生演习、火灾逃生演习等。让学生通过模拟演习，掌握正确的逃生办法，从而在危险发生之时，能够保障自身人身安全，实现自我救助。

（七）违规用电预警

做好学校的用电管理，也是实现平安校园环境建设的重要途径，为避免因为电路问题而出现火灾意外，学校应重视校园内部用电管理，尤其是针对学生宿舍楼，必须加强电力安全管理。以此，学校可以利用大数据平台，对宿舍楼的电表情况以及用电数据进行统计分析，通过用电数据分析，判断学生在宿舍楼是否进行违规用电操作，并对其进行一定的安全教育。同时，学校可以限定宿舍用电规格，如果出现用电量过大情况，则需要及时断电，从而保障宿舍楼用电安全，避免发生火灾事故，威胁学生人身安全。

综上，平安校园是学校基于学生身心素质健康成长需求下的一种全新管理理念。为了实现平安校园管理体系有效构建，学校应该合理引进大数据管理平台，利用大数据的信息多元化特征，对校内环境中的人、事、物进行综合性管理，从而保证校园环境更加安全、稳定、和谐。

第四节 大数据时代的平安校园解决方案

一、概述

平安校园建设是由学校主导、各方力量共同参与以维护师生共同利益和保障学校稳定发展为目标的教育治理行为。这是一项攸关眼前利益和长远发展的系统工程，具有非常重要的现实意义。

当前，随着云计算、泛在网络以及无线通信等信息技术的勃然兴起和广泛应用，伴随着智慧校园建设的持续推进，高校成为整个教育系统中受大数据浪潮影响最为全面也最为深刻的前沿阵地。实际上，大数据已经成为推动高等教育创新发展的重要战略引擎，也是促进高校教育管理现代化转型的强大技术力量。

在此背景下，安全稳定特别是文化安全问题凸显出来，高校安稳工作所面临的挑战也正从传统相对单一的生命与财产安全问题扩展到复杂度更高、涉及面更广的安全领域，更为严重的是，新技术的层出不穷还带来了很多前所未有，甚至也是无法提前预知的安全风险，这些风险由于数据化平台的支撑，不仅监管难度大、传播速度快，而且危害性更强。那么，在大数据时代新形势下，高校如何借助大数据技术完成安稳工作由人防、物防向技防为主的现代化转型，实现大数据与平安校园建设的深度融合，进而增强校园治理的前瞻化、科学化和智能化水平，就成为一个重要而紧迫的时代课题。

二、当前高校平安校园建设面临的主要问题

无论是从理论层面审视，还是从实践维度观照，今天的“平安校园”都是一个宽领域、多层次的广义概念，其内容不仅包括师生的生命财产安全及思想和心理方面的健康状态，也包括整个学校的资产能源、网络和舆论安全。如果仅从传统意义上的安全来看，近些年来，在国家、地方和高校共同推动校园治理深入落实的大背景下，我国高校总体上呈现出环境比较优美、秩序较为井然、师生安全指数不断提高的良好态势。但是，复杂多变的社会环境、急剧膨胀的办学规模和步伐加快的转型发展，加上我国高等教育规模和在校大学生人数都领先世界的客观现实，特别是数字化时代的到来，使得一些不和谐音符和不安定因素充斥于平安校园建设中，很多高校依然面临着不少新旧交替的安全挑战。具体表现如下：

（一）突发性事件的诱发因素不断增多

校园突发性事件具有一般安全事件的破坏性、不确定性、多样性等基本特征，同时，高校由于信息化程度高、人口密集、贵重财物和高

精尖人才集中，一旦出现安全事故，其扩散速度将会更快、波及范围更广、危害程度更深、社会影响更恶劣。随着高等教育的迅猛发展和招生规模的不断扩大，加上办学国际化、开放化和社会化程度的日益提高，不少高校的校园面积庞大、楼宇分散、人员构成复杂、周围治安环境多变，威胁或危害师生生命、财产和健康的安全隐患层出不穷，影响高校稳定发展的不确定因素此消彼长①。

(二)安保设施建设未能满足实际需要

21世纪以来，大多数高校都逐渐认识到了科学技术在平安校园建设中日益凸显的重要作用，并积极采取了相应行动。现今，高校均对校园内各大建筑安装了安全防护网和消防设备，也在校园的重点区域和关键部门安装了监控摄像设备，建立了一套基于硬盘存储的安全防控系统，可以说，在一定程度上起到了震慑不法分子、维护校园安全的作用。但是，一方面由于缺乏基于大数据的安保理念，现今不少学校所使用的网络系统基本属于局域网性质，无法体现网络在线特点，也就不能体现在线平台的网络安全联防作用；另一方面，由于资金短缺、招投标体制存在缺陷等原因，不少高校的安保设施设备尚属于一些低档的、兼容性差的、智能程度低的器材或系统，不仅老化严重，而且升级换代滞后，其后果是建成的安保系统稳定性差，误报和漏报率高，难以达到实时监控、报警、查证和调动的最优效果，也就无法满足保障校园安全的实际需要。而且，这些措施更多地用于防范外在的显形的安全问题，忽略了网络安全的保障措施。

(三)安防工作的智能化水平有待提升

这些年来信息技术的突飞猛进把高校平安校园建设带入了挑战与机遇并存的新时期，高校原有的安保设施或系统较为陈旧落后，难以适应安防工作智能化发展的时代要求。

三、大数据在高校平安校园建设中的场景应用

大数据的发展迫使我们借助新的方式来应对长期存在的挑战，并

①牛妍懿，郭久智，温明明. 大数据背景下高校教学档案管理问题及策略[J]. 办公室业务，2020(19)：132-133.

且通过借鉴基本原理对新的隐患进行应对。不过,推进科学技术进步的同时,应确保人类自身的安全。因此,我们不能让大数据的发展超出我们可以控制的范围。在科学技术日益发达和教育信息化水平不断提高的当今社会,与时俱进地"采用现代化的技术是做好安全保卫工作,维护学校平安校园建设工作的重要手段。

随着智慧校园建设的进一步推进,尤其是智能视频监控与分析、射频识别、无线传感、模式识别与自动控制等现代技术优势的极度彰显,科技创安的理念在各级各类高校中得到了广泛认同。大数据作为一股新兴而强大的技术力量,其具有的关联分析和精准预测功能,能够很好地满足平安校园建设的系统性、时效性和预见性要求,有助于增强高校平安校园建设的前瞻化、科学化和智能化水平。具体而言,大数据在全方位保护师生人身安全、智能化监控资产和能源、前瞻性干预学生的思想或心理危机三方面有着广阔的"用武之地"。

(一)全方位保护师生人身安全

为了给广大师生的学习和生活营造一个安定有序的外部环境,目前各大高校基本上都建立了广覆盖、全时段的闭路监控系统,无数双"眼睛"时刻保护着师生的人身安全。智能视频分析系统能够对所监控区域内的各种监控目标进行自动识别与跟踪,并能够根据所设计的防范目标的特点进行有针对性的灵活设置。但是,传统的监控系统存在着内存容量小、工作效率低、事前预防差、智能水平弱等缺点,难以满足大数据时代背景下平安校园建设的最新需求。随着高校智慧校园行动的深入推进,平安校园建设应充分利用最新的电子和网络技术,有机整合智能视频分析、电子周界、消防自动报警、应急预案推荐、联网报警求助等先进技术,构建集监控、报警、消防、调度于一体的智能安防系统,增强校园安保工作的主动性、前瞻性和智能化水平,有效降低各类意外及恶性事件发生的可能性,筑牢高校师生人身安全的坚固防线。

大数据驱动下的智能安防系统除了具备传统监控设备的犀利"眼睛"外,更重要的是拥有一颗智慧"大脑",它可以在捕捉和分析大量数据的基础上提取信息，形成知识，辅助决策，全方位地保护师生的人身安全。

第一，应用物联网和传感技术全面、准确、实时地掌握校内外环境数据，构建渠道畅通、反应灵敏的信息搜集研判机制，为完善校园安全、防范预警机制和突发事件应急处理机制奠定基础。

第二，智能视频分析系统可以对教学楼、宿舍区、运动场等校园公共区域进行全天候、无盲区的监控，通过滞留监测、移动监测、徘徊监测、突然出现监测等周界防护防止不法分子入校危害师生人身安全，还可以对人流密度和运动速度进行监测，提前发现可能出现的聚众、群殴或拥挤等异常行为，及时提示管理者采取相应措施。

第三，在宿舍、教室、办公楼安装智能型烟雾探测器和火灾自动报警装置，可以在第一时间发现异常情况。

第四，在校门口安装射频识别装置，即人脸识别系统和监控设备，能够有效识别校内外人员和车辆，便于“事前有预警，事后可查证”；在宿舍大门安装门禁系统，学生凭一卡通进入，除了可以预防盗窃外，还可以监督学生晚归或多天不在校情况。

第五，大数据的可视化呈现功能可以自动将突发事件按严重程度划分为红、橙、黄三级预警处理模式，其中，红色预警由校级领导直接处理，橙色预警由二级机构处理的同时，校级领导全程给予指导和监督，黄色预警则由二级机构全权处理并上报情况。

（二）智能化监控资产和能源

近些年来，随着自我量化、射频识别、微型传感器、物联网等新兴技术的不断涌现和广泛应用，高校资产和能源管理正逐渐远离“人管电控”的传统模式，迈入了以数据为支撑的智能化监控新时期。在信息时代，提高资产和能源管理效率的关键就在于拥有先进的技术和工具，大数据的出现正好迎合了这一要求，有利于增强资产和能源管理的精细化、智能化和现代化水平，避免资产利用不充分和能源浪费较严重的现象，从而促进低碳环保型校园的建设。红外线、传感器、GPS、激光扫描器等物联网技术将任何物品接入互联网，构成了一个人、机、物三元一体的泛在网络，借助这个网络，有关资产和能源的各种数据就可以自动采集和实时交换，之后通过相关软件对这些数据展开挖掘和分析，就可以实现智能化识别、定位、追踪和监控，提高资产和能源的管理效率。

概括而言，大数据在确保高校资产和能源安全方面的应用主要有四点：第一，依托物联网产生的数据直接来源于事物本身，不需要二次加工后传输至互联网，因而在信息获取上更具准确性和即时性，有利于管理者快速处理突发性事件。第二，在重要的设施设备里安装微型传感芯片，全天候不间断地记录、上传和自动分析其运行情况，一旦某项数据超过既定阈值或标准参数，校园资产智能监管平台就会自动开启报警或智能关闭程序，并将处理结果实时反馈给管理者，这极大提高了资产的使用寿命。第三，基于以往事故发生地点、时间和肇事者的数据分析，对频繁出现资产盗窃的重点区域、重要时刻配置先进的监控设备，可以有效预防盗窃事件的发生。第四，日益成熟的环境感知技术可以根据具体情景的改变实时监控能源消耗，最大限度提高其使用效率。

（三）前瞻性干预学生的思想或心理危机

近年来校园内频发的学生自我伤害事件暴露出学生在思想上与心理上的问题引起了广泛关注。如何应对这些突发事件也成为学校管理者面临的一大难题。由于传统教育手段的落后，加上学生思想与心理问题的隐蔽性，学校常常面对的结果就是事后的“妥善处理”而不能提前预防。“凡事预则立，不预则废”，事前主动预防是平安校园建设的基本方针与核心诉求。只有建立科学、合理的预警机制，健全预案，才能应对可能出现的突发事件，驾驭复杂多变的形势，确保校园的平安。但是，在学生的思想或心理危机干预方面，各大高校目前主要依靠政工队伍排查和学生上报的方式掌握学生的思想动态和心理情况，这种方式存在着数据流通不畅、信息汇总缓慢、应急处理被动等弊端，而信息残缺及更新速度滞后严重掣肘了预警机制的建立，其后果是突发性事件或危机事件难以得到及时而有效的化解。所以，高校只有快速、全面而准确地把握学生思想或心理方面的相关信息，才能有的放矢地进行教育干预和心理疏导，预防倾向性和苗头性问题的发生。

大数据被誉为下一个观察人类自身社会行为的“显微镜”，其独特优势和强大功能在于基于关联分析而做出的精准预测。“如同宇宙大爆炸般飞速扩张的‘数字世界’，不仅日益成为外在的客观物质世界的‘镜像’，而且正在越来越多地包含对人类自身行为的追踪和记录，成为人类观察和认识自我的‘镜子’”。

大数据具有的关联性、前瞻性、敏捷性和个性化思维为有效分析学生的思想或心理状况提供了崭新的研判方法，有助于高校的危机干预工作从被动响应走向主动预防，这主要体现在以下四个方面：一是大数据拓展了人类社会的可量化维度，大数据被誉为“上帝之眼”的主要含义就在于数据的采集是在非干预的自然状态下完成的，而不是为了某种功利的目标，所以教育者就可以捕捉到反映大学生思想动态、政治倾向、情绪波动、心理变化和道德发展的各类数据，从而为教育干预提供真实可靠的数据支撑；二是大数据的敏捷性特征可以确保预防信息及时反馈，有效避免了信息的迟报、误报、漏报和瞒报，有助于建立快速响应的应答系统；三是健全“事前有预防，事中可控制，事后能消除”的危机处理机制，除了前期可以最大程度消除隐患、中期进行及时疏导外，后期还可以在第一时间做出恰当部署，将突发性事件的损失和负面影响降至最低；四是大数据的个性化特征可以为不同学生提供定制服务。比如，当个体数据积累到一定程度后，运用心理健康量化分析模型，揭示个体心理状况，预测个体行为，有助于心理健康教育工作者或辅导员采取适应的干预方法，从而实现心理健康教育的“私人定制”。

四、大数据驱动下高校平安校园建设的对策思考

大数据应用为高校平安校园建设走向前瞻化、现代化和智能化提供了技术支撑和良好契机。然而，基础性数据平台不健全、数据共享机制不通畅、数据安全保障不到位以及管理者数据意识与素养欠缺等因素也正阻碍着这一转型的最终实现。因此，在大数据时代，高校除

了要继续沿用传统的有效措施外，还应紧扣时代脉搏和科技发展潮流，从不同维度探索基于大数据驱动的高校平安校园建设的多重策略，特别是要将大学的安防建设置于整个城市管理系统之中，建立起全社会参与的协同防范体系。

(一)开发数据驱动安保的智能系统

大数据驱动下的高校平安校园建设的基本前提是拥有可供分析的海量数据，这使得数据资源建设成为安稳工作数据化和智能化的首要举措。但是，传统的教育信息化服务平台较为封闭陈旧、功能单一，在数据兼容、数据质量和智能化要求方面不能很好地满足大数据环境下的性能要求。因此，高校不仅需要整合优化现有的平安校园建设系统，还要根据智慧校园发展要求开发一个集数据采集、存储、共享和分析于一体的院校智能系统。

目前，《国家教育管理信息系统建设总体方案》提出要构建国家层面的基础性教育数据库，以便为教育决策提供数据支撑。相应地，各级各类高校也要积极探索和主动构建符合自身实际的数据驱动安保的智能系统，建立高校校务数据管理共享服务平台已成为当前高校信息化推进过程中的重要任务之一。

高校数字化管理领导小组应当着力动员各个机关部门和教学院系采集和存储相关数据资源，形成资源可观的大数据平台和系统；其次，学校层面要建立智能感知的校园数据中心和综合信息服务平台，完善安保数据的动态采集和实时更新机制；再次，要尽力消除数据孤岛的制度性动因，有效整合不同部门、不同机构和不同领域里的海量数据，推动数据资源共享和业务系统整合；最后，高校要根据安稳工作的需要，自主研发或与大数据企业共同研发出数据驱动安保的智能系统，使其成为集综合值班、师生求助、消防报警、视频监控、远程会议、应急指挥“六位一体”的管理服务平台。

(二)构筑人防、物防、技防三位一体的安防网络

当前，“随着高校改革的不断进行，智能化建设的不断引入以及犯罪手段、作案工具、对象的转变，仅仅依靠传统的人防、物防办法，已很难适应新的治安形势需要”。确实，高校平安校园建设是一项需要人力、物力和科学技术共同推进的系统工程，没有一支结构合理、作风务实、素质过硬的人防队伍，安稳工作就失去了根本保障；同样，缺乏先进的物防设备和技防手段，仅靠势单力薄的人防力量，也无法完成新形势下平安校园建设的任务。基于此，高校安全工作委员会需要建立以人防抓落实、以物防抓巩固、以技防抓提高的立体防护网，实现人防、物防、技防的深度融合与密切配合。

（三）多措并举确保平安校园建设数据的安全

完整统一、流动通畅的数据是大数据驱动下高校平安校园建设的重要基础，而确保数据的安全则是重中之重，其不仅关乎着大数据在高校平安校园建设中的可持续应用，也直接影响到师生的切身利益和高校的稳定发展。在泄露风险日益攀升、潜在危害不断扩大的信息化社会，维护管理数据的安全，是学校义不容辞的责任，也是平安校园建设的迫切需要和题中之义。

因此，为了防止数据泄露或滥用造成不可挽回的损失，高校管理者尤其是数字化管理领导小组应建立健全平安校园建设数据的安全保障体系：一是在认识上树立和强化一种“数据应用，安全第一”的意识；二是在管理上尽快完善安保数据的监管机制；三是在技术上加强数据保护；四是依法追究信息泄密、数据盗用或滥用等不法行为。

需要强调的是，在数据安全维护难度系数高居不下的网络社会，单一的保护措施已捉襟见肘，难以奏效，高校管理者只有统筹兼顾，多措并举，采用组合式的联防策略，才能筑牢平安校园建设数据的安全防线。最后，要严肃处理利用数字化平台进行非法思想的传播。

（四）大力提升安保队伍的数据素养

不同于传统信息化建设，大数据驱动下的高校信息化技术手段更先进、专业性更强、涉及领域更广，推动着高校平安校园建设朝着智慧安防的方向发展，数据在安稳工作中的地位和作用日益凸显，这无疑对高校管理者尤其是安保队伍的专业素养提出了新的要求，除了要具备传统的政治过硬、思想过关、作风优良、业务熟练等素质外，还必须拥有较高的数据素养,能够基于各类数据做出科学决策。数据素养是人们有效且正当地发现、评估和使用信息和数据的一种意识和能力。

由此可见,数据素养主要由数据意识、数据技能和数据伦理三部分构成,其中,数据意识旨在摆脱传统安稳工作的思维习惯和路径依赖,主动树立和强化一种数据驱动安防的创新思维;数据技能包括数据的定位、采集、清洗、存储、分析、解读以及决策能力,也就是安保人员经过正确的处理流程,可以把数据和信息转化为帮助决策的知识;数据伦理是指对大数据在平安校园建设中的应用进行主动反思和伦理审视的能力。这些数据素养的提升需要高校和个人层面的共同努力,高校可以通过跨学科人才引进、职前职后一体化培训(校内专题讲座和校外业务进修相结合)、与专业数据公司合作等方式组建一支既熟悉安稳工作特点、需求和规律,同时又能够充分掌握和应用大数据技术的安保队伍,个人则可以有针对性地增强数据素养结构中的薄弱环节,同时根据具体实践中的业务需要寻求同事间的合作。总之,只有大力提升安保队伍的数据素养,使其成为“数据脱盲者”(Data Literate),才能在平安校园建设中营造一种“数据驱动安防”的新型文化氛围,从而提高安稳工作的科学性与实效性。

大数据发展到今天,已经表现出许多新的趋势。但是,在“大数据的长期发展趋势中,有六大趋势依然是我们如今生活中的一部分,即应用无线化、信息数据化、交易无纸化、人类智能化、决策实时化与线下线上化”。

在未来,我们依然将面临不少挑战,其一,大数据的发展趋势将在很大程度上使我们的安全保护工具和手段得以不断创新与升级,直至完全颠覆学校传统的安全管理理念;另一方面将是大数据因自身的发展所引发的内在革命,其智能化程度的不断升级,使我们面对的是完全无法预料的新困境,自然也包括新的机会。为此,我们拭目以待。

参考文献

[1]曹琳．基于大数据环境下高校档案数据化管理方法研究[J]. 黑龙江档案，2020（05）：12-14.

[2]崔丽．高校财务管理改革与财务服务研究[M]. 长春：吉林出版集团股份有限公司，2020.

[3]崔建芳．大数据技术驱动高校教育管理现代化——评《基于大数据的高校教育管理研究》[J]. 中国科技论文，2020，15（10）：1227.

[4]戴丽君．民办高校管理实践及发展路径探索[M]. 昆明：云南人民出版社，2020.

[5]付海蓉．关于高校内部控制信息化体系建构的几点思考[J]. 行政事业资产与财务，2020（20）：101-102.

[6]宫磊．高校图书馆管理与服务创新研究[M]. 长春：吉林大学出版社，2020.

[7]韩卓泉．大数据环境下高校档案管理新探索[J]. 兰台内外，2020（34）：22-24.

[8]李傲．刍议大数据时代高校国有资产管理改革策略[J]. 中外企业文化，2020（10）：27-28.

[9]李莉．数据驱动的高校管理探索与实践[J]. 微型电脑应用，2020，36（10）：66-68+72.

[10]刘勉．大数据时代下的高校教育管理[J]. 佳木斯职业学院学报，2020，36（10）：64-66.

[11]刘琬．大数据背景下高校学生管理工作创新分析[J]. 创新创业理论研究与实践，2020，3（19）：184-185+188.

[12]刘雪利．互联网背景下高校管理工作要点探讨[J]. 教育教学论坛，2020（45）：17-18.

[13]刘艳.融媒体下高校学生党员教育与管理[M].北京:中国原子能出版社,2020.

[14]刘彦梅.大数据背景下高校图书管理信息化研究[J].国际公关,2020(11):273-274.

[15]李青.大数据时代下高校教育管理信息化发展创新研究——评《高校教学管理机制研究》[J].林产工业,2020,57(10):121.

[16]牛妍懿,郭久智,温明明.大数据背景下高校教学档案管理问题及策略[J].办公室业务,2020(19):132-133.

[17]邱筠.大数据时代高校资产管理信息化建设探析[J].湖北师范大学学报(哲学社会科学版),2020,40(05):64-67.

[18]瞿维中.新形势下的高校后勤管理[M].长沙:中南大学出版社,2019.

[19]饶慧云.高校会计风险管理与控制策略[M].南昌:江西科学技术出版社,2019.

[20]申清.高校后勤改革与管理探索[M].长春:吉林科学技术出版社,2020.

[21]王长鹏,季鹏,赵雪.大数据时代背景下高校固定资产管理研究[J].行政事业资产与财务,2020(19):12-13.

[22]王菲菲,蔡亚会,陈晓雪,等.大数据时代高校学生教育管理工作的创新路径[J].黑龙江科学,2020,11(21):88-89.

[23]王莎.大数据视角下高校财务管理信息化建设的思考与实践[J].中国市场,2020(29):192-193.

[24]谢保生.高校知识管理体系创新研究[M].长春:吉林文史出版社,2020.

[25]解方文.高校教育创新及其管理体系的建设[M].北京:经济管理出版社,2020.

[26]席颖.大数据背景下高校语言实验室的建设和管理[J].福建电脑,2020,36(10):189-190.

[27]杨道远.大数据时代高校辅导员发展创新路径探析[J].学校党建

与思想教育,2020(20):78-79+82.

[28]尹航.大数据时代下的高校人力资源管理策略探究[J].商讯,2020(30):189-190.

[29]张丹.如何应用大数据对高校人事管理模式进行改革[J].科学咨询(科技·管理),2020(10):97.

[30]张雪莲,欧阳娟.大智移云视角下高校管理会计教学改革模式[J].现代企业,2020(10):148-149.

[31]周广昌,侯雨霏.大数据背景下的高校人事管理工作机制创新[J].沈阳大学学报(社会科学版),2020,22(05):596-600.

[32]周喜林,唐文文.大数据背景下高校教育管理的伦理意识研究[J].齐齐哈尔大学学报(哲学社会科学版),2020(10):166-169.